書籍文化の未来

電子本か印刷本か

赤木 昭夫

岩波ブックレット No. 873

1 フランクフルト書籍見本市にて

本で成り立つ文化を書籍文化と呼びましょう。グーテンベルクによって、あの美しい『四二行聖書』が印刷されたのは、ライン川に面するマインツで、一四五五年のことでした。半世紀後には、中央ヨーロッパの主な都市に活版印刷がゆきわたり、金融の中心だった隣の大きな町のフランクフルトで、定期的に本の市場が開かれました。ヨーロッパ中から本に関係する人たちが集まり、本を売買し、商売と技術の情報を交換したわけです。これが今に続く世界一のフランクフルト書籍見本市の始まりでした。

すりへりにくい合金製の活字で版をつくり、印刷本*を量産できるようになり、比較的安く、中身の濃い知識を、広く交流できるようになったのです。ルネッサンスも科学革命も産業革命も、それらの上に成り立った近代社会も、今の暮らしも文化も、すべてと言ってよいほど、グーテンベルクが発明した活版印刷術のお蔭です。

それが本の第一次革命でした。それから五世紀半後の一九九〇年代の末から二〇〇〇年代にかけて、本の第二次革命が始まりました。正確に言えば、始まりかけました。本の電子化です。

写本が印刷本に消されたように、第二次革命の進行によって、印刷本が電子本*に消されるのでしょうか。それとも印刷本と電子本が共存するのでしょうか。共存するとして、比率はどうなるでしょうか。そもそも何のための本の電子化なのでしょうか。

もちろん本や電子技術が決めるわけではなく、決めるのは、あくまでも読者、そして執筆者を含め出版に従う人たちです。そうした人々の代表が、毎年フランクフルト書籍見本市に集まります。ですから、そこを訪れることは、本の世界的動向をうかがう助けのひとつになるでしょう。二〇一二年の見本市は、一〇月一〇日から一四日まで開かれ、三〇万人に近い来場者で賑わいました。

＊出版業界用語では冊子体と電子書籍ですが、本書では印刷本（print book）と電子本（e-book）と表記します。

おびただしい展示の数

それは何と約七四〇〇もありました。参加国の数は一〇〇を超えました。すべてを見つくすことは無理です。しかし、いくつかの手がかりをもとに、全容の推定を何通りも重ねていけば、輪郭が浮かんできます。

見本市事務局が国別の展示の数を発表しました。地元のドイツが二四九一、二番目がイギリスで六四八、三番目がアメリカで六一六、あとはフランスが二七一、イタリアが二二三、オランダが一一二と続きます。

アジアでは一番目が中国で一六四、二番目が韓国で四六、日本は三番目で三二でした。

これらのデータは何を示すのでしょうか。日本の展示が少ない背景は、他のデータとともに別にあとで検討することにします。

ドイツの多さは、地元ですから当然でしょう。ドイツ国内の業者どうしの接触が昔からの見本市の本来の目的でした。またドイツの業者の集まりに、外国の業者を迎えるのも当然でした。かつての本は現在よりもはるかに国際的な商品だったからです。大きな戦争のたびに開催が中断されましたが、フランクフルト書籍見本市の国際性は、一貫して変わりませんでした。

外国からの出展の動向で最近目立つのは、グローバル化を直接的に示す参加国の多さ、そのなかでイギリスとアメリカと中国の展示の数が群を抜いている点です。つまり、前者にはグローバル化の拡がりが、後者にはグローバル化の推進者たちが、如実に現れています。

まず中国の出展ですが、文化外交というか、中国の存在を世界に示すのが目的です。二〇〇〇年頃から中国は、経済や外交で、「引進来《インジンライ》（導入）」と同等に「走出去《ゾウチュチィ》（進出）」を基本方針とするようになりました。後者の英訳がGo global（グローバル化）です。「引いておいて出る」のは、伝統的には道家の教えに発する構えの要諦とされますが、近くは毛沢東の戦略戦術論に基づきます。文化外交にも依然として毛沢東思想が、脈々と流れているわけです。

他方、外国側からすれば、中国との貿易の拡大、さらには出版や教育の分野での中国への進出が狙いです。催しとして見本市では、年ごとにゲスト・オブ・オナー（主賓国）を選び、その国の出版活動が脚光をあびるように支援してきました。二〇〇九年に中国が主賓国として迎えられました。

習近平（当時は副主席で党中央校校長）が、ドイツを代表するメルケル首相の先導をうけて登壇し、中国の文化政策について、方針に忠実に、「さまざまな文化の力を利用するとともに、中国のすぐれた文化を高く掲げ、中国人民の精神世界を豊かにする」と、演説しました。展示もたいへんな力の入れようで、中国作家協会副会長の莫言《モーイエン》が、即売された主著の『紅いコウリャン』の訳本に、会場でサインする超サービスぶりでした。それから三年後の二〇一二年、彼にノーベル文学賞が与えられました。

習近平の文化外交は大成功をおさめたわけです。二〇一二年の中国の一六四の展示のなかには、清華大学や北京大学をはじめ、かなりの数の大学がまじっていました。そこにも「走出去」が強く感じられました。ちなみに中国で本の出版は、すべて公営で、中身も、やや緩和されたようですが、国家によって規制され管理されています。

つぎにイギリスですが、中国との間の本の貿易の伸びを強調していました。二〇一〇年、イギリスからの輸出額は三三〇〇万ポンドだったのにたいして、中国からの輸入はちょうど二倍の六六〇〇万ポンドでした。イギリスの輸入超過は、イギリスが本の生産をコストが安い中国に外注するからです。

他方、著作権（翻訳権）の取引では、イギリスから中国への件数が一七七〇（対世界の一二・九％）で、中国のイギリス文化の取り込みが、世界の平均以上に高いのがうかがわれます。また中国からイギリスへの件数が一七六（対世界の四・五％）でした。中身ではイギリスがほぼ一〇対一と優位を保っています。それを背景にしてイギリスは、中国に著作権（翻訳権）を売り込み、さらに英語教育などの事業を展開しつつあるわけです。

ところで、アメリカの六一六という展示の多さとその意味合いを評価するには、まずアメリカの出版界の動向を知る必要があります。日本的な常識を捨ててかからないと、実態を理解できないのが、アメリカの本を取り巻くメディア・ビジネスの体制です。

ブランド名とコード名

アメリカ最大の出版社、ということは世界最大の出版社ですが、それはランダムハウスです。フランクフルト見本市では、一社で一六もの展示を誇っていました。

ところが、所有者（持ち株会社）はドイツのコングロマリット（複合企業）のベルテルスマンです。こんがらがってくるので、気をつけねばならないのは、持ち株会社と傘下の出版社との国籍が食い違う点です。

ベルテルスマンはドイツに本拠を置き、六三カ国でビジネスを展開し、従業員は一〇万を超えます。テレビと広告、書籍、雑誌、メディア関係のサービス、印刷、統括本部など、六つの事業部門から成り立ちます。

そのなかの書籍部門の呼称がランダムハウスです。そもそもはアメリカ有数の出版社でしたが、一九九八年にベルテルスマンに一〇億ドルあまりで買収されました。名前が世界中に通っているため、ベルテルスマンが所有するアメリカの三四、イギリスの二四の「インプリンツ〔出版のためのブランド〕」の総称として、ランダムハウスが使われるようになったわけです。

例を挙げると、アメリカの〈アルフレッド・エイ・ノップフ〉とか〈ヴィンテッジ〉、またイギリスの〈チャット・アンド・ウインダス〉とか〈ウイリアム・ハイネマン〉などは、それぞれ独立の名門出版社でした。しかし出版社間の買収につぐ買収の結果、ランダムハウスの傘下に入れられ、今では単なるブランド名の扱いを受けるようになってしまいました。

ランダムハウスを一番目として、二番目は親会社がイギリスのピアソンである〈ペンギン〉、三番目は親会社がニュース・コーポレーション〔社主はオーストラリア出身のルーパート・マードック〕の〈ハーパーコリンズ〉、四番目は親会社がＣＢＳテレビの〈サイモン・アンド・シュスター〉、五番目は親会社がフランスのアシェットである〈アシェットＵＳＡ〉、六番目は親会社がドイツのホルツブリンクである〈マクミラン〉などを、まとめてアメリカの出版の「ビッグ・シックス」と呼びます。

何と六社のうち五社まで、所有する親会社がアメリカ系ではなくなっています。なお残る純アメリカ系の一社のサイモン・アンド・シュスターですが、いずれ電子機器メーカーか、ネット通販企業か、どちらかに買収されるのではないか、傘下のインプリンツが国際的にまたがっていないので買収が容易だから、といった噂が相変わらず飛び交っています。

これらの巨大寡占複合企業は、二つの要因、出版の側からと複合メディアの側からの要因によって形成されました。

出版の側からは、第一に、大量印刷と大量販売と大ヒットがビジネス・モデルとなり、一方で作者と代理店、他方で読者と販売網を支配するには、大資本が必要になりました。第二に、他のメディアとの連携によるシナージ効果が期待されました。第三に、世界進出のため英語書籍市場での地盤が不可欠でした（スペイン語、フランス語、ドイツ語での出版では量的限界があるからです）。

また複合メディアの側からは、早くも一九六〇年代から始まり、八〇年代になって一段と加速された情報・娯楽・教育・通信・コンピュータの複合化のなかで、流す中身（コンテンツ）の提供が出版に期待され、手当たり次第に出版社が買い漁りされたわけです。

しかし、どちらの側にとっても結果は幻滅でした。出版が中身の充実の期待に応えきれず、何よりも読み物の出版には当たり外れが多く、また平均の利益率が一〇％に届かなかったからです。利益率の低さが、出版からのアメリカ資本の引き揚げの大きな原因になりました。

この顚末は、メディアのなかでの本の地位にとって、少なからずマイナスになったのは明らかです。巨大複合メディア企業において、出版が占める比率は高くなく、ともすれば軽視され、他のメディアのため犠牲にされました。いわば出版と本は、軽くあしらわれ、もて遊ばれた感じです。

それをランダムハウスについて調べました。途中で大不況があったことを考えて、二〇〇七年から二〇一一年の五年間の平均値を計算しました。データはベルテルスマンの年次報告から取りました。テレビと広告、書籍、雑誌、メディア・サービスの四部門の税引き前の利潤の合計は一七億三五八〇万ユーロでした。それにたいして、書籍は一億六一〇〇万ユーロ（九・三％）、雑誌は二億三七〇〇万ユーロ（一三・七％）でした。業績における比重の低さから、出版はマイナー扱いされてきました。

それでも逆境のもとで出版部門は善戦しました。ランダムハウス全体の電子本の販売部数を、二〇〇九年の四〇〇万、二〇一〇年の一六〇〇万、二〇一一年の四〇〇〇万と、飛躍的に伸ばしました。

二〇一二年の前半（一～六月）の税引き前の利潤は、ベルテルスマン全社の合計が三億五三〇〇万ユーロだったのにたいして、ランダムハウス、すなわち出版部門が半分以上の一億八五〇〇万ユーロ(五二・四%)を稼ぎ出しました。なお売上額の二二%は電子本によると発表されました。

しかしこの結果にたいするフランクフルト見本市での評判は微妙でした。大幅な増収増益は、三月から六月の三カ月間に、ランダムハウスのインプリンツのひとつのヴィンテージが出した、『フィフティ・シェィズ・オブ・グレー(グレーは人名)』という「イラチカ(erotica)」が、世界で四〇〇〇万部も売れたためです。イラチカとは、性行動に重きを置いたロマンスにたいして、一九世紀の半ばにつけられた業界用語です。かつて爆発的売れ行きと騒がれた『ダ・ヴィンチ・コード』でも、二〇〇三年の発行開始から二〇〇九年までの六年間の販売部数が八〇〇〇万部でした。これまでの最大級のベスト・セラーの六年分の半分を、つまり、三年分を、今回は何と三カ月で売ったのですから、空前絶後のベスト・セラーです。印刷本と電子本の割合は半々でした。

巨大メディア複合企業の間では、ビット(1と0のパルス)やピクセル(画素)をでたらめに流すわけにはいかないので、それらを構成するためのコード(命令)として、物語などの作品を必要とするわけです。そうしたコードを売り込むのに好都合なのが、ブランドとしての名門出版社の社名です。極言すれば、出版社はブランド、本はコードに過ぎないのです。中身の是非は二の次です。

二〇一二年五月の段階で、問題のイラチカの翻訳権が三二カ国にすでに売約済みでした。仲介したのは、書籍見本市ではなく、ニューヨークやロンドンに事務所をかまえる老練な「スカウト」たちでした。ほとんどが女性で、ゲラ(校正刷り)のコピーを外国出版社に流し、翻訳出版を斡旋する専門家たちです。それでも見本市への出展が米英の巨大出版社にとって不可欠なのは、やはりコードにはブランドが必要だからでしょう。

なお波紋を投じたイラチカの独訳は、すでに七月に出版されていました。仏訳は見本市には間に合わず、店頭に出たのは一〇月一七日でした。

グローバル化する著作権産業　アメリカの貿易赤字を減らすのに貢献する産業として、金融商品、航空機、兵器、農産物、医薬を扱う諸産業のほかに、金額的に大きなものとして、アメリカでいうところのコピーライト・インダストリー（著作権産業・知識産業）が挙がります。

国連専門機関のＷＩＰＯ（世界知的所有権機関）の規定では、本、新聞、雑誌、映画、音楽媒体、放送、ソフトウエアなどを生産し流通させる産業を、「コア・コピーライト・インダストリー（中核的著作権産業、以下では中核的を略します）」と呼びます。アメリカの立法と行政では、二つの大きな理由から特別扱いされます。

いずれの商品もオリジナル（原版）をひとつ制作すれば、いかに頭脳集約的で高コストであっても、あとはそれを複製すればよいだけです。労賃とか原料費などのため、それ以上はコストが高くなって引き合わなくなる、いわゆる限界生産コストの壁が存在しないのです。買い手が多ければ多いほど、ただし不法な複製（海賊行為）を防ぐことができれば、大きな利潤が保証されます。すでに手許にあるオリジナルを、インターネットを通じて客にカードで代金を払わせコピーさせれば、面倒な流通や集金にわずらわされることもなく、濡れ手に粟です。だからこそ、その延長拡大として、著作権産業はグローバル化を求めてやまないのです。これが特別扱いの経済的理由です。

またこれらの生産物は輸出され、世界中の人々を内側からグローバル化、つまり、アメリカ化していきます。わかりやすい、ずばりの例を挙げましょう。アメリカが世界の金融を牛耳っていますが、取引にいちいち介入する代わりに、ＩＭＦ（国際通貨基金）や世界銀行の職員を、アメリカの経済学の教科書を学んだアメリカの大学卒業生のなかから選びます。この暗黙の採用基準によって、金融政策はアメリカ的にしか思考できない体制にしてあるわけです。G20を支配する「ワシントン・コンセンサス(途上国累積債務解消策)」も、その賜物に他ならないのです。これが特別扱いの政治的な文化的な理由です。

二〇〇七年から二〇一〇年にかけて大不況のため、アメリカ全体の経済の平均年間伸び率は〇・〇五%に低下しました。それに反し著作権産業は一・一〇%と格段に高い伸び率を確保しました。

その結果、二〇一〇年の著作権産業の生産高は、九三一八億ドルを記録しました。GDPに占める率は六・三六%でした。他の分野と比較すると、生産高とGDPに占める率では、金融保険が一兆二三五二億ドル(八・四二%)、そして医療福祉が一兆一一七億ドル(七・五八%)と群を抜いていましたが、それに対し著作権産業は、連邦政府支出の六三七七億ドル(四・三%)や建設業の五〇五六億ドル(三・四%)よりも上回っていました。

グローバル化の指標となる輸出額の伸び率では、著作権産業は、二〇〇八年が四・四%、二〇〇九年がマイナス三・三%(世界大不況のため)、二〇一〇年が三・八%と好成績を残しました。二〇一〇年の輸出額は、化成品が一四三一億ドル、航空機(部品を含め)が七七五億ドル、農産物が六〇二億ドル、医薬が三六四億ドルでした。それにたいして著作権産業は一三四〇億ドルでした。そして国内消費と輸出の比率は一〇〇対一四でした。

この最後の数字は何を意味するのでしょうか。アメリカの著作権産業は、まず大きな国内市場で消費者の選好に合った商品を開発し、ついで市場占拠のため安売り競争を展開し、最後に勝ち残った企業が商品の輸出で利潤を確保する「利益構造」に則っていることを示します。右の国内消費にたいする輸出の比率(一四%)は、この業界の利潤率(一五〜一〇%)におそらく見合っているのだろうと推測されます。

アメリカの書籍の輸出額は、「本・冊子・それに類する印刷物」、そのなかに含まれる「テキストブック」、また「科学技術専門書」といった項目ごとに検索できます。念のためですが、これらの項目には新聞や雑誌などの定期刊行物はいっさい含まれていません。

二〇一一年のアメリカの書籍の輸出額は二六億六二八七万ドル、そのうち教科書が四億八四七七万ドル（一八・二％）、科学技術専門書が三億七〇五二万ドル（一三・九％）でした。

著作権産業全体の輸出額の約一三四〇億ドルのうち殆どがソフトウエアで占められ、書籍は僅か二％を占めるに過ぎないのです。それが現代経済のなかでの本の地位ですから、世界経済のなかで本を論ずるのは、それこそ重箱の隅をつつくことになるわけです。量的には、確かにそうなります。

しかし、それでもアメリカの書籍輸出の伸びには、グローバル化の動向が明瞭に現れています（一〇〇万ドルの桁以下は省略）。一九九七年の輸出総額が二一・二億ドルだったのが、二〇一一年には二六・六億ドルに伸びました。もっとも伸びたのが北米（カナダ）向けで、九億ドル台から一二億ドル台に達しました。二番目がヨーロッパ向けで、五億ドル台から六億ドル台に増加しました。三番目がアジア向けで、三億ドル台から五億ドル台に上昇しました。他方、中南米とアフリカは微増、大洋州は逆に一・六七億ドルから一・一二億ドルへと低下しました。

北米（カナダ）は地続きで、英語圏であることから除外すると、アメリカの書籍輸出の矛先は主にヨーロッパとアジアに向けられていると見ることができます。

さらに二〇一一年について主要国別に見ると、イギリス向けが四・五億ドル、ドイツ向けが〇・四三億ドル、フランス向けが〇・一三億ドルでした。日本向けが〇・九八億ドル、中国向けが〇・八四億ドルでした。

これら五カ国のなかで、一〇年前にくらべ日本の額だけが、一・三八億ドルから〇・九八億ドルへと低下しています。書籍全体だけでなく、テキストや科学技術専門書を見ても、それぞれ〇・一三

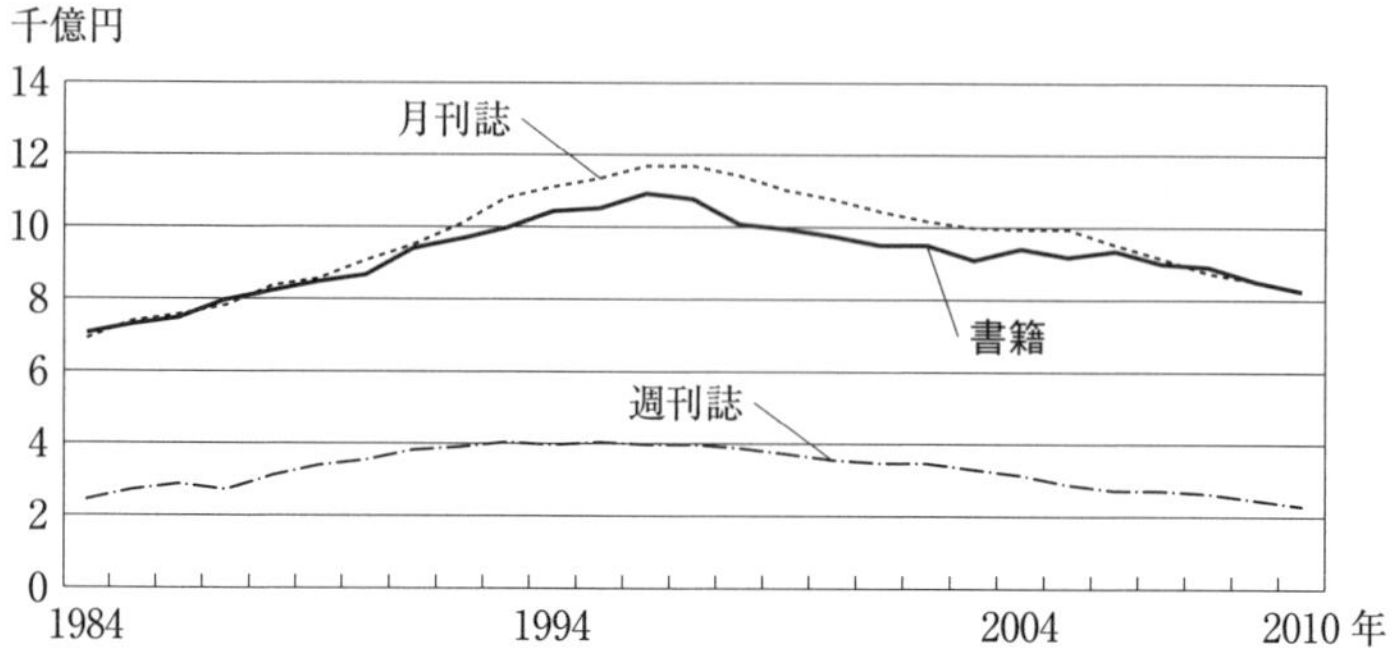

日本の出版販売額(出典：2011 年出版指標年報)

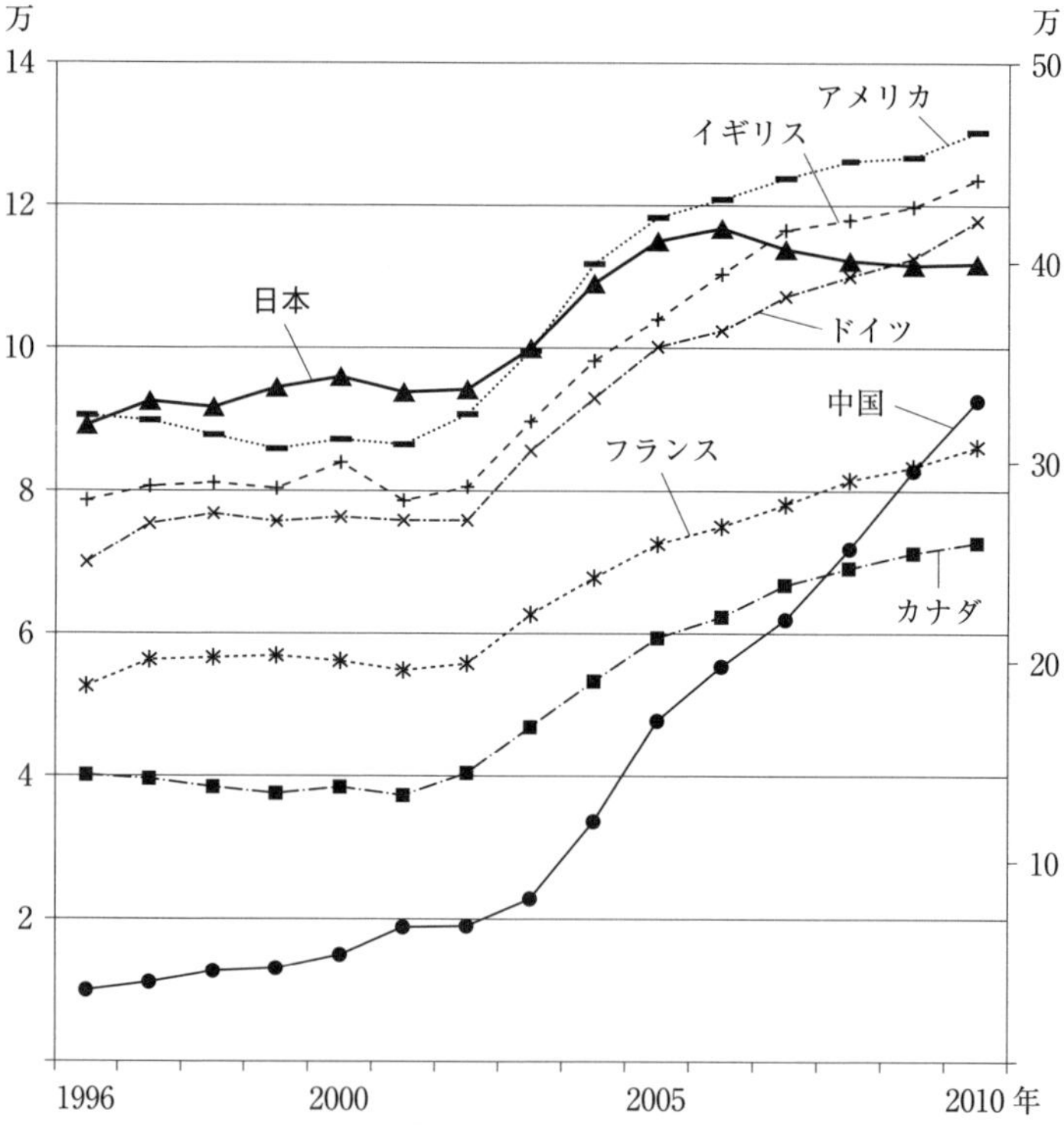

主要国の科学論文発表数の推移．アメリカ・中国の数値は右軸，その他の国は左軸．(出典：Scopus，Elsevier，グラフ作成：豊田長康)

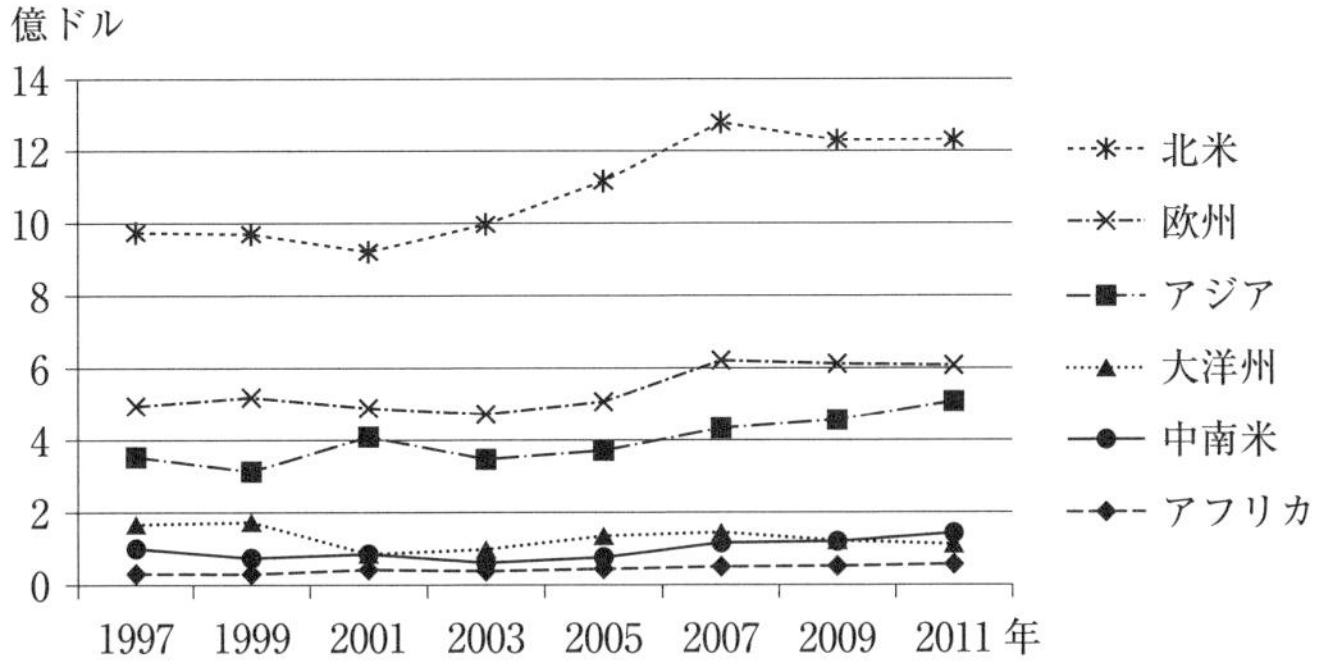

アメリカの書籍の輸出額，地域別(出典：USA Trade Online)

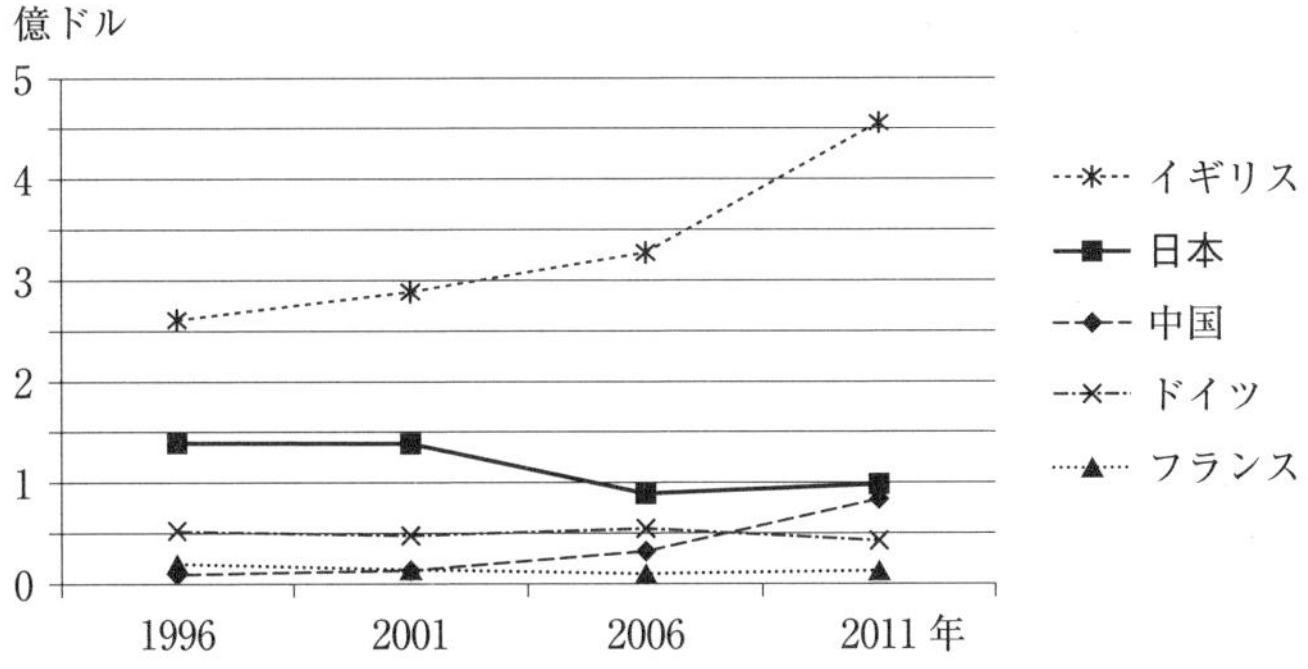

アメリカの書籍の輸出額，主要国別(出典：USA Trade Online)

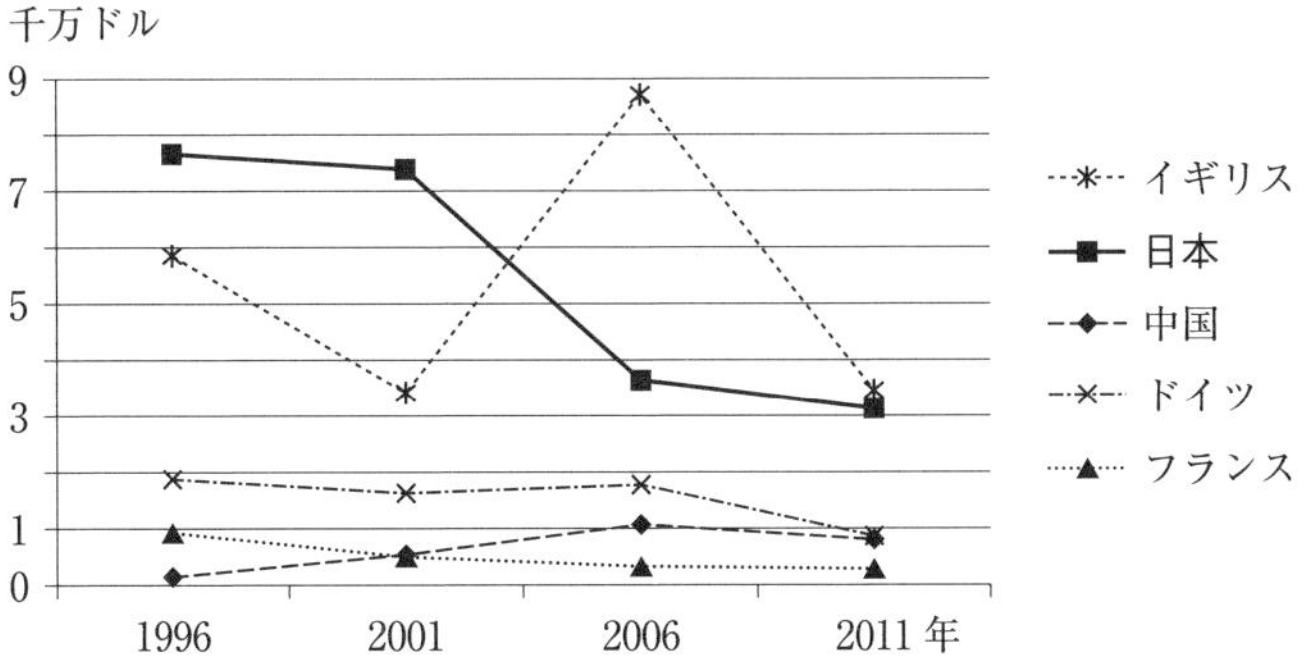

アメリカの科学医学技術書の輸出額，主要国別(出典：USA Trade Online)

億ドルから〇・一八億ドルへ、〇・七四億ドルから〇・三二億ドルへと低下しています。この低下はインターネット経由の電子的な情報の増加で補われていると弁明したいところですが、それは無理なようです。他の国々では電子情報も伸び、同時に書籍そのものも伸びているからです。

どうやら日本の知的停滞どころか、知的後退の兆しではないかと危惧されます。フランクフルト見本市での日本の展示の少なさも、それを反映しているのでしょう。そう考えざるを得ないのは、日本国内の書籍の年間売上額自体が、九〇年代半ばの一兆一〇〇〇億円から、二〇一〇年の約八〇〇〇億円へと、ピークの約七割に落ちました。本を読まなくなったのです。ケイタイやデフレのせいにするのは、単なる気休め、自己欺瞞ではないでしょうか（一二～一三ページのグラフ参照）。

アマゾンとコボの進出　フランクフルト見本市を通じて世界の出版界の動きを展望すると、取り残された感じを拭いきれないのが日本です。日本は「井のなかの蛙《かわず》」で、日本で想う以上に、出版の全体が大転換の嵐に見舞われつつあるのがわかります。

二〇一二年の書籍業界では、ｉＰａｄやキンドルなどの電子読書器（以下ではリーダーと略す）の盛んな売れ行きが大きく問題視されました。やがて書店の多くが閉店に追い込まれ、印刷本の地位が電子本に奪われるのは避けられないのではないか、と思う人たちが増えました。電子本の比率がどれぐらいになるか、それを占うことが盛んになりました。

傾向を取り出し、それを延長して、将来の業界の状況を予測するには、まだ根拠にする経過年数が不足です。しかし、見込み違いを冒さないように、考え方を明確にしておくことはできそうです。

技術的手段であるリーダーの実用化によって、出版の流通と制作の体制に革新が起こるとか、起こすという捉え方――技術中心主義（テクノセントリズム)――では、大きな過ちに落ち込みます。

それが証拠に、一九九〇年代から二〇〇〇年代にかけて、日本のいくつかのメーカーも交えて、さまざまなリーダーが開発され、売り出されました。明日にでも電子本の時代がくるかのように一部では喧伝されました。しかし二〇年もの間、ついに実現されませんでした。リーダーの性能が低く、高価だったためでしたが、何と言っても読みたくなる中身が安く提供されなかったのが最大の原因でした。現在の改良されたリーダーをもってしても、新しい魅力的な中身がなければ、あまり使われることはないでしょう。技術中心主義は意味を成さず、ナンセンスです。

やはり決め手は消費者の選好、好みのライフ・スタイルです。電子本の離陸との関連では、とくにアメリカ人の読書習慣が最大の決め手になりました。

ハリウッド映画でしばしばお目にかかるように、アメリカ人の多くは、眠りにつく前にベッドで本を読みます。ホテルの客室のテーブルの引き出しには、電話帳と聖書が常備されています。昔の就寝前に聖書を読む習慣の名残です。また忙しい人ほど、せめて夏とクリスマスの休暇には本を読もうと、まとめ買いします。それが健全な市民の、そして豊かな生活の大切な証しと、思われてきました。本はアメリカでは、半ば宗教的でもある消費優先主義(コンシューマリズム)の象徴です。

いわゆるトレード・ブック(Trade book)が、そうした消費欲望を、物理的にも中身的にも満たします。トレード・ブックの呼称が始まったのは一九四五年、世界大戦が終わって、まさに戦時経済から平時の消費経済へ復帰する過程でのことでした。「得意客向け、商売になる」という意味で、トレードの語が採用されたと思われます。具体的には、店頭での平積みが確実そうな読み物――大衆向けのフィクションやノンフィクション――です。ベスト・セラーは、トレード・ブックから生まれます。

前述の「ビッグ・シックス」のうちの五社が、もっぱらトレード・ブックを扱います。マクミランは、規模では六番目に数えられますが、教育書が専門なので、読み物の場合は除外されます。二〇〇七年の読み物の売上額は左の通りでした（単位は億ドル）。

	世界	米国内
1 ランダムハウス	二三・八八	一二・六六
2 ペンギン	一六・九二	一〇・一五
3 ハーパーコリンズ	一二・九〇	九・〇三
4 S&シュスター	八・八六	七・三〇
5 アシェットUSA	？	五・一五

出典：John Thompson, *Merchants of Culture, the publishing business in the twenty-first century,* Polity, 2010, p116

これら五社でアメリカの読み物の売上げの四五・九％を占めます。上位三社において輸出が占める比率は、四七、四〇、三〇％とかなり高い点が注目されます。アメリカでの読み物こそが本のグローバライゼーションの原点であり、先兵なのです。

その実現に大きく寄与したのが、他ならぬアマゾンでした。一九九五年七月に本のネット販売を始めました。世界の大きな読み物市場で、まとまった仕入れによる割安の価格で大量に売るのが、アマゾンの「利益構造」です。当初アマゾンは、アメリカの大手出版社の手先でしたが、あっという間に地位が逆転し代表の席につきました。アマゾンこそは本のグローバライゼーションにおいて最大で最強の体現者です。

開業から一七年の間に、販売する商品を、本から電子機器、衣類、家具、そして雑貨へと多角化しました。アマゾンの年次報告では、売上額を三部門――（本の他にDVDなどを含む）メディア、電子機器など、その他――にしか分けていません。二〇一二年の一月から九月まで、三つの四半期の世界全体の売上総額は三九八億ドル（億ドル以下は切り捨て）、メディアが一三四億ドル（三三・七％）、電子機器などが二四六億ドル（六二・〇％）、その他が一七億ドル（四・二％）でした。だから、今やアマゾンは総合ネット販売会社です。それでも企業イメージとして本を前面に立てています。ブランドが本でつくられたからでしょう。

アマゾンの本のみの売上額は、結局さまざまな業界情報を操作して推定するしかないのです。つじつまが合うひとつの例として、二〇一一年の年間売上額は、国内が七九・六億ドル、海外が九八・二億ドル、といった数値が挙げられます。

同年のアメリカ国内全体の本の売上額は一五五億ドルでしたから、アマゾンはその五一・四％を占めるに至りました。全米で最大の本屋になり、そろそろ独占禁止法に抵触する存在になりました。もちろん世界で最大の本屋です。海外での売上げのほうが大きくなり、世界全体の出版と文化を左右するマンモス企業になりました。

米国内と海外とを合わせた額は一七七・八億ドルです。他方、ランダムハウスとペンギンの売上額は、二二・五六億ドルと二六・一億ドルでした。最大級の出版社でも桁がひとつ低く、マンモスのアマゾンに立ち向かっても、とうてい勝ち目はありません。この力関係が、ひいては世界の文化の在り方に当然かかわってきます。価格決定などの市場支配力が、本を企画制作する側から、本を売る側へ移って行くからです。

一九九五年の開業のときから、アマゾンは世界中から注文を受け、支払いはカードで、届けるのは航空便というサービスを展開してきました。ついで客が多い国には受付のサイトと発送センターを設置して、海外の本と現地国の本をネット販売し、進出先の国の取次会社を出し抜くことを始めました。

主な国を挙げると、イギリスとドイツでは一九九八年一〇月、フランスでは二〇〇〇年八月、日本では同じ年の一一月、そして中国では二〇〇四年八月（中国のサイトを買収）の順でした。

中国のサイトは現在ではアマゾンが単独経営し、中国の読者たちは、洋書ではあらかじめアマゾンが輸入したものに限って買うことができます。読者の自由な選択は許されません。それでも、たとえば経済学では、ハイエクの（計画経済による独裁政治を批判した）『隷従への道』、シュンペーターの『資本主義・社会主義・民主主義』、そしてケインズの（対失業政策を論ずる）『雇用、利子および貨幣の一般理論』などの原書を、かなり高いのですが、買うことができます。中国の「管理された自由化」のひとつの例でしょう。すでにアマゾンは中国にかなり食い込んでいます。

二〇一〇年代に入るとアマゾンは、アメリカはもとより主要な進出国で、独自のリーダー（キンドル）を売出し、電子本をネット販売するサイト（キンドル・ストア）を開きました。順序は、アメリカが二〇〇七年一一月、イギリスが二〇一〇年八月、ドイツが二〇一一年四月、フランスが二〇一一年一〇月、日本が二〇一二年一〇月でした。中国にはまだ導入されていません。

国ごとのアマゾン・サイトとキンドル・ストアの開設の順序は同じで、アマゾンの世界進出での優先順位を示します。業界では、その国の読者の英語原書への親和性が第一の選択要因だと分析されます。やはり売り込むべきは、そして大量に売れそうなのは、アメリカのトレード・ブックだと信じられているからでしょう。

他のリーダーとして、ソニー、アメリカの本の販売チェーンのバーンズ・アンド・ノーブル、カナダのコボなどのシリーズが挙げられます。コボは楽天に買収され、楽天の傘下で二〇一二年七月に日本でも電子本のネット販売を始めました。これらのアマゾン以外の電子本の帰趨については、二〇一二年末の段階では、まだいっさい確かなことは言えない状態です。アップル、アマゾン、マイクロソフト、グーグルなど、リーダーの大手供給者の出方次第だからです。もしそのうちの一社でも、出血を覚悟でリーダーの価格を大幅に値下げし、大手の出版社と組んで、電子本を含む本のネット販売を始めれば、世界的な状況に大変動が起こる可能性が依然として高いからです。

こういうわけで、二〇一二年のフランクフルト見本市は、確かに大山は鳴動していたのですが、出たのはネズミが二匹でした。一匹は、ドイツのtxtrというヴェンチャーが発表した「ビーグル」というリーダーです。九・九ユーロ（約一三〇〇円）という信じがたい超安値で、クリスマス前に発売する予定と聞かされ、半信半疑の人が多かったようです。* もう一匹は、本の売上げに占める電子本の割合についての見直しでした。

イギリスは一三％と高いのですが、ドイツはせいぜい一％、フランスは言及なしと、ヨーロッパ大陸はまだきわめて低調です。それにたいしアメリカ側では、ペンギンが二〇％以上、ランダムハウスが一五・五％などと喧伝されました。米欧の乖離が大きいので、ヨーロッパの来場者の間から、アメリカの数字は作為的ではないかとの疑問の声が聞かれました。それを察したのか、一〇月八日の見本市のコンファレンスに、アメリカ出版社協議会（AAP）の調査グループが出てきて、平均は一三％ぐらいだとの弁明がありました。

アメリカの出版社が思惑からデータを出さないのが原因です。競争相手をだます数字が飛び交うのが、アメリカの出版界です。それを念頭に置いて、カオス状態が続くと慎重に構えていないと、とんだ思い違いをすることになります。まさに次のような事態が起こったからです。

＊二〇一三年二月になっても、売り出されませんでした。ヨーロッパでの電子本の期待を裏切る不振が理由でしょう。

驚くべき始まりと終わりの逆転

二〇一二年一〇月一四日に見本市が閉幕してから二週間後、電子本はまだまだアメリカのひとり芝居だと思っていた矢先に、寝耳に水のニュースが飛び込んできました。

一〇月二九日に、米独系のランダムハウスが英系のペンギンを吸収する協議がまとまり、両社が調印したのです。新しい社名は「ペンギン・ランダムハウス」と決まりました。

世界の出版社のナンバーワンとナンバーツーが一緒になるとは、誰も想像しませんでした。両社の売上額を合わせると、世界総額のほぼ二五%に達します。残る有力出版社の間でも、吸収なり合併が進むでしょう。そうしないと、太刀打ちできないと思うからです。これまでの「ビッグ・シックス」ですら、アメリカはもちろん、世界も含めて、出版業界を寡占状態にしてきましたが、さらに少数による支配が強まれば、本の価格の釣り上げで経済的にも、また本の中身の多様性の喪失によって文化的にも、影響は少なくないでしょう。

持ち株会社のドイツのベルテルスマン、ニューヨークを基盤にするランダムハウス、ロンドンに本拠を置くペンギンが一体化すれば、本のグローバル化はますます米英独連合体によって主導されるようになります。新書という形式を一九三〇年代末に始めたペンギン・シリーズの名が消えると思うと、世代によっては名残惜しいのですが、そんな感傷は吹き飛ばされてしまいます。

当面は、新社の株の五三%をベルテルスマンが、四七%をペンギンの親会社のピアソンが持ちます。しかし、三年後から次第にベルテルスマンが持ち分を増やし、結局はピアソンがペンギンを売却することで終わるでしょう。ピアソンは、出版よりも教育事業(新規事業としてネット通信教育の評価ソフトウエアの開発と採点評価の代行)に注力したいからです。またベルテルスマンは、ペンギンが培ってきた英語圏市場が欲しいからです。ピアソンが出版そのものよりも、出版も含む教育事業を指向するのは、きわめて意味深長です。追い追いビジネスにとっての重要性が理解されるでしょう。

一般的に体制の変革は、周辺から始まり、中心で終わると思われがちです。ところが出版界の大変革はいきなりド真ん中で始まりました。驚くべき「始まりと終わりの逆転」です。事態が重大で意外に緊迫しているための「逆転」ではないでしょうか。

アメリカの本の販売網の揺らぎも、末端の小型店ではなく、中心的な系列のボーダーズ・グループの破産から始まりました。

一九七一年にミシガン州で開店したボーダーズは、最盛期には北米、イギリス、シンガポール、オーストラリア、ニュージーランドで、一二〇〇を超える直営店と加盟店を擁し、全米第二の書籍販売網を誇りました。しかし拡張が過ぎたのと、自社ブランドのリーダーの販売がはかばかしくなく、資金繰りに窮し、二〇一一年一〇月に破産しました。救済者が現れなかったのは、電子本のため書籍の小売が期待できないと思われたからです。

現段階では、数量的予測としては、最近のデータからもっとも大きな数値を取り出し、それを当面の上限と推定するので精一杯です。

読み物を扱う大出版社の売上額に電子本が占める率は、高くなっても二〇～三〇％でしょう（八ページ参照）。大ベスト・セラーでも、電子本が占める率は五〇％を超えないと推定されます（八ページ参照）。これはアメリカについての当面の予想で、かなりの時差――数年以上――をおいてヨーロッパ、そのあとを日本が追うことになるでしょう。

それにしても、日本の書籍文化の未来が気懸かりです。前掲のグラフ（一二～一三ページ）をもう一度見て下さい。日本の書籍の売上額はじりじり低下し、科学論文の発表件数も急に減り始めました。アメリカからの書籍の輸入額も落ちました。これらの事実に気づかぬ人が多く、原因も究明されないままです。まさか日本がそんな状態にあるとは思いたくないからでしょう。危機とは、気づかぬうちに、忍び寄ってくるものではないでしょうか。

2　ゆきわたる電子化の渦のなかで

本の電子化はどこまで進み、どんな影響を及ぼすでしょうか。何のための本の電子化なのでしょうか。

事柄の成り行きを二つの章に分けて追究します。これまで本によって、いわば環境がつくられてきました。読書環境がどう変わるか、変化にたいし人々はどう対応するでしょうか。まずそれについて、この章で予想します。

その結果、人々の中身の受け取り方、それに基づく思考の在り方など、ひと口で言えば認知活動が変わるか変わらないか、変えられそうになれば人々はどう抵抗するでしょうか。こちらについては、最後の章で検討します。

現代の読書環境を、思い切って二つの型に分けます。ひとつは家庭です。もうひとつは教育や研究が展開される学校や図書館です。

読書環境に応じて、読まれる本の中身が異なるとします。もちろん現実は、読書環境も読まれる中身も、整然と二つに分かれてはいません。重なっています。その点は百も承知ですが、二つを別々に考察し、事柄の成り行きの核心と疑問点を引き出す心組みです。

家庭では、小説を中心とする文芸、そして家庭生活のための料理とか大工仕事などの技能(テクノロジーではなくクラフト)、この二つが主な中身です。

それが証拠に、アメリカで出版される本を種類分けすると、二〇〇一年についてのデータですが、五五%が大衆小説(ポピュラー・フィクション、前章のトレード・ブックと同じ、読者の七八%が女性)、一〇%が宗教ノンフィクション、九%が料理とクラフトでした。合計は七四%でした。

日本については、分野ごとの出版冊数として、二〇一一年のデータが得られます。比率を計算すると、文芸が三五・五%、芸術・趣味・家庭が二三・〇%、幼児本が五・七%、合計で六四・二%です。ただしそこで言う文芸と芸術には、学術的な文学論や美術評論なども含まれます。しかし中身が思想的なものや学術的なものは、比率にすると小さく、大部分が家庭向けと想定しても大きな間違いにはならないでしょう。

つまり、日本でもアメリカでも、本の半分以上が家庭で読まれるものとして出版される事実を、大前提としなければならないわけです。読書環境の半分は家庭であって、文化の基底を大きく左右すると位置づけて、重視しなければならないのです。まず家庭という読書環境が、電子本でどんな影響を受ける可能性があるでしょうか。

ベスト・セラーの功罪

二〇一二年の夏の調査によれば、すでにアメリカの成人の間では四人に一人が、リーダー（専用リーダーかタブレット・コンピュータ）を所有していました。クリスマス、母や父の日、そして誕生日などの贈り物にされるため、普及速度が高いのです。

電子本は安く、入手が容易です。前章で紹介したような読み物で、多くの国々の家庭が席捲される危険性が増大します。ベスト・セラーは、出版社を潤しますが、中身次第で文化の在り方を変える恐れがあります。ベスト・セラーは功罪半ばです。とんだ劇薬かもしれないわけです。

一定の道徳的立場から、いかがわしい電子本は非難されるでしょう。しかしそうした非難には、論理的な弱点が存在します。「いかがわしい」のと、「いかがわしくない」のとの境界に、一線が引けないからです。読者と出版社が、いかがわしくないで押し通せば、それまでです。それに負けない論理を持っていないと、いかがわしい電子本によって蹂躙されます。裁判に訴えても、言論の自由とのかかわりで、退けられるかもしれないのです。

結論を先に明かせば、読み物の中身の是非をさまざまな立場から云々するよりも、読書環境を保護するため「表現の多様性の確保」を主張し、争うべきです。水かけの価値論ではなく、筋の通った生態論で対抗すべきです。

日本では、「通俗文学」にたいし「純文学」が対置されてきました。ドイツの文芸用語として、「トリヴィアルリテラチュール」にたいし「ホッホリテラチュール」という呼称が存在します。ちなみに「トリヴィアル」の意味は、「平凡な、つまらぬ」です。「ホッホ」は、原義の「高等」から「高踏的（ハイブラウ）」も意味します。

通俗文学は、表面的には常套的とは感じさせないで、登場人物も物語の筋も、読者の期待を満たすように書かれています。そうであることによって、読者にとって安心な娯楽となるわけです。すべてが実は類型的です。他方の純文学は、真善美について画期的な感覚を訴えると評されます。芸術的だと言われても、楽しくないと反発する読者も出てきます。感覚的に画期的なのか、ただ風変わりなのか、線を引くことも、また難しいわけです。結局、通俗的か芸術的かの線引きは、イデオロギー次第になります。作品の優劣や是非の線を社会的に一概に引くことは困難です。

そうした論理的破綻に気づいて、最近の文芸理論では、通俗的と芸術的とを対置する捉え方は廃されつつあります。描く対象も描き方も多様なのが当然です。かつては芸術的と評価された表現が娯楽のため用いられたり、その逆もありと、分析されています。望ましいのは、一色に塗りつぶされない豊かな読書環境です。

肝心なその点について、多くの作家が発言してきました。ここではフランスの実験小説作家、レーモン・クノー（一九七六年没）を紹介しておきましょう。彼はナチ占領下の一九四三年に『文体の練習』を発表しました。ひとりの男の行動の僅か二場面を、九九通りの文体（スタイル）で描きわけ、並置してあります。抑圧に対抗する自由を、描き方の多様さで痛烈に訴えたわけです。

それにたいし資本の論理は容赦なしです。端的な例を挙げましょう。前章から俎上にのせているイラチカは、フランスの保守的な新聞、『ル・フィガロ』の文芸欄で、「読むに値しない五つの理由」を挙げて痛撃されました。作者はイギリスの女性で、最初は自主投稿としてネットに発表されました。それに目をつけたのが、ランダムハウス傘下のヴィンテージの編集陣で、三部作に書き改めさせ、大々的な宣伝で売りまくったわけです。ハードカヴァー、ソフトカヴァー、そしてアマゾンの電子本の順に発行し、収益の最大化を図りました。

もっとも注目しなければならないのは、筆者の自主投稿と大規模な電子通販との直接結合です。第一に出版社での企画編集、第二に書店での読者の立ち読み、第三に書評という多段階の、社会が長くかけて培ってきた、公共的とも言うべき「ゲートキーピング（ふるいにかける関門）」を迂回し、ネット通販企業が、読書環境を自社の思惑によって一色に塗りつぶす危険が気遣われます。

重大なこの点で、実はアマゾンが着々と地盤を固めつつあります。二〇〇五年から二〇一〇年にかけて、アマゾンが独自にベスト・セラー作家に委嘱し短編を書かせ、印刷本としてネットで売りました。しかし成功せず、この企画は放棄されました。その後、自社独自のリーダーを売るようになって、再び直轄の出版社（インプリンツ）、合計一〇社より、二〇〇九年から二〇一二年にかけて、三年間に約三〇〇〇点の印刷本と同時に電子本を出版しました。もっとも売れたのはドイツの歴史小説の翻訳版で、電子本だけでも二五万部以上を売ったと推定されます。

新人の筆者を登場させるため、発掘するため、というかアマゾンの傘下に囲い込むため、しきりに個人出版を誘っています。そのための「オーサリング・システム（著述システム、そのまま電子本にすることができるマルチメディア・プロセッサー）」も用意しています。

実は、すでにその種の著作、たとえばハウツー物とか、科学の解説物とか、人生論などが、電子本の平均価格である九・九ドルで売られています。出版元が無名なのと、また中身に良い意味でのアマチュアの味があることから、それらしいと推定できるそうです。出自が出自であるだけに、確かな合計点数を知ることができませんが、近未来の出版のひとつの類型になると予想されます。

あくなき資本の論理に則ってアマゾンは、販売だけでなく、企画から始まる出版の全体を支配する世界的体制の増強を続けています。独占禁止法によって制限されるまで止めないでしょう。この目的を果たすのに、家庭という読書環境と電子本との結合は最適です。そもそも電子本はそのために開発されたのでした。

家庭は電子本の侵入にたいし実に脆く危うい環境です。今のところ家庭は、電子本にたいし確たる対応を示しているとは到底言えないお寒い状態に在ります。

オバマ大統領の勇み足

ここからは家庭を離れて、教育や学術研究の分野における電子化（そのひとつが電子本）の影響を扱います。先に学校や図書館を中心とすると述べた、もうひとつの読書環境について、変化を予想します。

電子本の「売り」は、印刷本では不可能なマルチメディア、つまり、文字だけでなく、音声付きのカラー動画によって読者を強く引き込めること、しかも読者が中身とインターラクティヴな（相互的な）様態のもとで関われることです。そうした機能をソフトウエアとして、データ（印刷本ならば文字）とともに埋め込んであるのが電子本です。

それにもっともふさわしそうな応用としてすぐ挙げられるのが、小学校から高校にかけての学校教科書の電子化です。二〇一一年一月の年頭教書でオバマ大統領は、「アメリカ国民の九八％にたいしビジネスが、次世代の高速無線ネットワークを、五年以内に展開可能なようにする。……その結果、生徒たちがデジタル教科書で授業を受けるようになる」と宣言しました（以下では、デジタル教科書も電子教科書も同じものを意味する）。

大統領の宣言を受けて教育省と連邦通信委員会（ＦＣＣ）が協力し、学識経験者を集めた委員会によって検討を始めました。ＦＣＣが参画するのは、大容量の無線インターネットの整備を要するからです。電子機器やソフトウエアのメーカーなどへの諮問を経て、一年後の二〇一二年一月に、中間報告として『デジタル・テキストブック・プレイブック』が発表されました。教育界と連邦議会の審議は飛ばされました。

アメリカでは教育の実施計画は、州の教育委員会で定められます。そのため発表された中間報告は、実現された場合の効果の予測に限られました。しかし、かえってそれによって、計画通りに実施されても、数年後の学校教育では、印刷本と電子本が相互補完的に併用されるので精一杯だろうと、見通すことができます。

教室で得られる大きな効果は二つで、第一は、教材へのアクセス時間が最大八〇％も削減できること、第二は、教室の全生徒が手許の端末を通じて同時に読み書きできる共通の電子白板が、意外に生徒の参加意欲を高め、学習効果を上昇させることです（生徒用端末として、ｉＰａｄのようなタブレット・コンピュータが使われる）。

これまで通りに印刷本の教科書を中心とする場合、年間一生徒当たりの教育費の合計は三八七一ドルです。それにたいし電子本の教科書を用いても、三六二一ドルを要します。経済的効果は、年間一生徒当たり二五〇ドル（六・四％）の軽減にとどまります。

実際には印刷と電子の両教材の併存共用となって、むしろ従来以上に費用は高くなるでしょう。

そして五年間での完全な切り替えも困難でしょう。アメリカでは教科書は学校の備品で、生徒個人に与えられるわけではありません。七年ないし一〇年にわたって使いまわされます。毎年その一部を更新するわけです。費用はアメリカ全体で年間約七〇億ドルです。教科書会社の抵抗がないとしても、従来の制度の慣性は大きく、当然の紆余曲折が予想されるでしょう。成り行き次第では、オバマ大統領の勇み足になる恐れさえあります。

世界中で小中校の教育の電子化で注目すべきは、フランスの「エコール・ヌメリック・ルラール(村の電子学校)」でしょう。二〇〇九年からフランス文部省が始めた計画です。人口二〇〇〇人以下の僻村の五〇〇〇の学校に、電子白板とラップトップ・コンピュータを組み合わせたシステムの配備を続けています。二〇一二年にも事業を継続させる予算が議会で認められました。

その成果として確認されたのが、生徒が手許のコンピュータを通じて寄せ書きできる簡単な電子白板の絶大な効果でした。世界中の教育専門家の間で、「協働学習」による「活用型学力」と「探究型学力」の育成に大いに役立つと評価も高まりました。日本でも類似のシステムが売られています。利用する学校も出てきました。ただし効果があるのは、一部の科目の一部の課程において、しかも生徒の反応にたいし即時に柔軟に対応できる経験豊かな能力の高い教師が活用した場合に限られます(個々の生徒に電子教科書を与えた場合も、まだ事例が乏しいので断言できませんが、効果は同じように限定的でしょう)。前述のアメリカの報告で高く評価された電子白板の典拠は、実はフランスでの実績でした。

日本では、義務教育の小中校の教科書は無償です。それに当てられた二〇一一年度の予算額は四〇六億円でした。生徒数は約一〇〇〇万ですから、一生徒当たり年間約四〇〇〇円になります。教科書協会に加盟する出版社の数は四四です。一部の会社は「指導者用のデジタル教科書」の普及に熱心です。「学習者用のデジタル教科書」でないのは、検定という規制にひっかかるからです。

他方、二〇一〇年七月に、デジタル教科書教材協議会が結成されました。二〇一二年一一月の加盟社は一一六にのぼります。通信ではソフトバンク、電子機器ではアップル、ソフトウエアではマイクロソフト、印刷では大日本印刷、出版では講談社、学習ではベネッセ、マスコミでは毎日新聞、シンクタンクでは三菱総研などの大手が網羅されています。前年の二〇〇九年一二月に、「二〇一五年をめどに全国の小中校生徒にデジタル教科書を配備する」目標が、通信行政を所管する総務省から発表されました。表向きの順序としては、総務省の呼びかけに応える形で業界団体が組織されたわけです。裏の真相は逆だったということも、大いに在り得ます。

それに先駆けて文科省は、学識経験者を集め、七回に及ぶ「ＩＣＴ懇談会（ＩＣＴは情報通信技術の略称）」を開きました。検討結果として『教育の情報化ビジョン（骨子）案』を、八回目の懇談会（二〇一〇年七月二八日）で発表しました。業界で実験が先行する「指導者用デジタル教科書」と「学習者用デジタル教科書」とが、注意深く使い分けられていました。文科省も検定を気遣っていたわけです。一部の教科書会社の先行実験は、文科省の指導か、暗黙の了解のもとで進められたのでしょう。

文科省と総務省と業界の共同歩調による推進も、それ以上となると学校教育法第三四条（文科相による教科書検定）に抵触する恐れがあります。国会で糾明される前に、「デジタル教科書法」を用意しようと、法案が前記の協議会で二〇一二年九月に提案されました。印刷本だけ、電子本だけ、電子本との併用、の三通りが許容可能なように、法案は書かれたとのことです。「電子本のみにはならない」という当事者の先読みが、語るに落ちる形で示されているように思われます。

日本でもアメリカでも、義務教育の教科書のデジタル化が業界と行政の独断専行で進められつつあります。日本の書籍と小中校教科書の年当たりの金額は、八〇〇〇億円対四〇〇〇億円です。アメリカでは、一五五億ドル対七〇億ドル（高校分を含む）です。金額で見た書籍にたいする教科書の大きさは、日本が五％、アメリカが四五％です。日米の開きは、アメリカの教科書が日本の一〇倍以上も豪華につくられているからです。いずれにしても財源は税金です。政治問題に早晩なるでしょう。ならないとすれば、それこそ問題です。

教科書の電子化がもたらす重大なマイナスの影響を、日米ともに、家庭も議会も、まだ意識していないようです。オバマ大統領も早とちりを犯しました。電子本で可能なマルチメディアやハイパーテキストを教科書にみだりに導入すれば、かえって生徒の集中をそぎ、学習を妨げるだけだからです（印刷本の熟読による知性の高まりについては第4章で論じます）。

教育にとって根幹の課題は「協働的学習」の促進です。この目的に果たして電子教科書が喧伝されるほど役立つのか。それが疑問点です。電子教科書さえ導入すれば、「協働的学習」に基づく「活用型学力」や「探究型学力」がより身につくなどと思うのは、事柄を取り違えた誤った技術中心主義です。

開かれた大学へ

日本の大学生の平均の教科書代は、年間四～五万円です。教科書が分厚く高価な講義は、敬遠される傾向が認められます。そのため日本の大学教科書は、科目の別なく、多くは薄っぺらで、中身は項目としても少なく、説明も不親切とのそしりを免れないほど簡単です。講義を聴講しなければ、中身を充分に理解できないのが普通です。読むだけで応用力の獲得までも期待するなどは論外です。

他方、アメリカの大学生（学部）では、教科書代として一年間七〇〇～一〇〇〇ドルを要します。一科目で週に二コマ以上（演習があれば三コマ以上）

なので、一年に一〇科目を征服すれば勤勉な学生です。一科目当たりの教科書代は一〇〇ドル前後となります。とくに生物学や経済学の教科書は厚さが数センチメートル、重くて、二冊となればリュックに入れて担がねばなりません。

そうなったのは、二つの理由からです。第一の理由は教育の質のためです。予習として学生が、あらかじめ教科書の説明を読み、応用問題のひとつでも解いてみれば、中身について充分に理解できるように丁寧に書いてあります。教室では質疑、討論、応用、それに基づく評価に至るまでの時間が得られるように、教科書が編まれているわけです。程度の低いものだけがそうなのではなくて、程度の高い内容でもわかるように説明されていま す。至れり尽くせりで完備しています。そのため、専門外の分野について基礎知識を得るには、アメリカの大学教科書を読むのがもっとも確実で手っ取り早いと、実は世界中の研究者が頼りにしているくらいです。第1章で検討した「アメリカの科学技術専門書の輸出の伸び」は、まさにこの完備性のためだったわけです。

第二の理由は出版社の商略です。「バンドリング(束ねる)」と呼びますが、本筋の理解を助ける名目で、余分なトピックス、CDなどの副教材を添えることで、分厚くなったわけです。

その結果、教科書の値段が釣り上がりました。最近の大学教科書の売上額は年間五五億ドルにのぼります。著者の教師は印税が増すので反対せず、学生は教師が指定する教科書を拒否できず、そのため物価上昇を上回って大学教科書が高騰しました。大学へ納めねばならぬ学費も、高い私立大学では年五万ドルを超え、貧しい学生は出世払いで高額の借金を背負うようになりました。そこで内容の質を維持したまま費用を安くする苦肉の策として、二〇一一年から急速に大学教科書の電子本化が始まったわけです。小中高の電子教科書よりも、ひと足どころか、格段に早かったのです。

例として、ハーヴァード大学のグレゴリー・マンキューの『マクロエコノミックス』を挙げましょう。アメリカでもっともよく売れている経済学教科書です。六〇八ページの大著で、書店価格は一七〇・一七ドル、アマゾンから買えば一六三ドル、キンドルの一八〇日間限定のレンタル電子本ならば七四・九九ドルです。後者でも、書き込みやマーカーによる線引き(ハイライト)が可能ですが、期限がくれば本文もろとも消え去ります。

別の経済学教科書ですが、完本ならば一五九・九九ドル、電子本で一章ずつの分売ならば六・九九ドルという例も出てきました。全体は三八章ですから、ばら売りの合計は二六五・六二ドルになります。貧乏学生は、最低限必要な章のみを買って、乗り切るわけです。

工学での名門のカーネギー・メロン大学では、日本でいうところの「四力《よんりき》(四つの力学、機械、材料、熱、制御)」が必修科目ですが、いずれの基本教科書もすでに電子本化され、教室で用いられています。

今やアメリカでは、人文学を除いた実際的な分野の大学入門教科書は、印刷本と電子本の併存となり、電子本の利用者のほうが多い状態へと急変しつつあります。次はヨーロッパ、意外に速いのが新興国、そのあと日本などといった順でしょう。そのとき日本の大学教科書の書かれ方がどう変わるか、それが注目点です。というのは、次に紹介するように、大学の講義の公開が大幅に進み、それに応じて、かなりの程度まで自習可能な、完備性の高い教科書が必須になってくるからです。念のためですが、小中高の教科書の電子化はきわめて疑問ですが、語学や数理に関するかぎりでは、大学の学部(成人の再教育)の教科書の電子化には本格的に力を注ぐべきだと、筆者個人は観察し信じています。

二〇一一年は、さまざまな面で、ただしもっぱらアメリカが中心でしたが、社会のＩＴ化がさらに一段と進んだ画期的な年でした。特筆すべきは、有名大学の人気の講義が、二〇一一年の秋からインターネットを通じて無料で受講できるように公開されたことでした。

一〇年ぐらい前からＭＩＴ（マサチューセッツ工科大学）などが講義テキストを公開していましたが、授業に参加する形ではなかったのです。ところが、有名大学の、有名教授の、有名講義を、入試なしに無料で受けられるというので、俄然、人気が沸きあがりました。

聴講生が多く集まったのは、理系ではスタンフォード大学の人工知能（登録学生数が一六万）、文系ではプリンストン大学の社会学（四万）の講義でした。前者は自動車の自動操縦、後者は人種問題と、中心の事例がタイムリーで実際的だったことも、人気の要因になったと思われます。ただちに民間の四社によって同様の公開講義が企業化されました。「大規模な公開のオンライン連続講義（マッシヴ・オープン・オンライン・コースズ）」の頭文字をとって、ＭＯＯＣｓ（ムックス）と呼ばれます。それに大小の多くの大学が参加し始めました。

聴講は無料です。多くのヴェンチャー企業が出資しています。おそらく集まった多くの聴講生のまとまりを、新しいビジネスのタネにするのではないでしょうか。グーグルにしても、フェースブックにしても、ネット・ビジネスはそんなふうにして出発したからです。

ムックスでは、試験に合格しても、講師から修了証書が発行されるだけで、大学の単位を取得したとは認められません。それでも受講者が殺到したのはなぜでしょうか。有名教授の名講義を直接受けることができたからでしょうか。それ以上に魅力だったのは、実は国、職業、年齢などの違いを越えて、共学の人々とネットを通じて語り合えることでした。それを通じて学習へのモチベーションが高められました。それによって中身の理解も進み、身につくようになったのです。

前述のフランスにおける電子白板の成功が証明するように、またアメリカのムックスの人気が示すように、教育における電子化の効果は、教材の電子化にあるのではなく、むしろ電子的手段(ネット)によって「協働的学習」の環境が形成され、参加できることにあります。受講者は受動的なようでも、明確に教育の電子化に対抗し、あるべき教育の形態について答を出しつつあると考えるべきでしょう。

電子教科書を読むためのリーダーの多くは、無線でネットにつながっています。学生がどこまで読み込んでいるか、まったく読んでいないか、つまり、学生の学習ぶりが、教師には、データを蓄えてあるクラウドを通じて常時知ることができます。それを可能にする「採点ソフトウエア・システム」も販売されています。

こうなるとプライヴァシーの侵害、人権の侵害になってきます。電子白板を通じての協働も、観点を変えれば、教師による生徒の監視です。本の電子化は、ひとつ間違えれば、ジョージ・オーウェルの反ユートピア小説、『一九八四年』が描く恐怖の社会になります。

売れない学術専門書

学術のための出版は、学会論文誌(ジャーナル)と専門書(モノグラフ)の二つに大きく分けられます。

最近ではとくに自然科学・技術・医学(STM)で専門の細分化が進み、学会誌の種類が増加し、一誌当たりの制作コストが上昇し、しかも印刷版と電子版の両方を備えねばならず、購読料が膨張し、そのため大学図書館は専門書購入予算の削減を強いられ続けています。これを「シリアルズ・クライシス(定期刊行物による危機)」と呼びます。

化学分野の学会誌を例に挙げると、年間購読料は平均で約三八〇〇ドル、高いのでは二万〇九三〇ドルも請求されます。経営学の学会誌で八二〇ドル、社会学の学会誌で五二八ドルです。一九八〇年代半ばから二〇年間に平均で約三倍も値上がりしました。価格上昇には三つの要因が働きました。第一は、研究者が権威ある学会誌への論文掲載を望むからです。足元を見られて、ブランド代を払わされるわけです。第二は、一九七〇年代になって有力出版社が、定期刊行物による安定した利潤を得るため、学会に代わって発行業務を請け負うようになったからです。第三は、その上で、一学会一誌という制度につけこみ、独占利潤を得ることを図ったからです。最初は割安と思わせて、独占的立場を足がかりにして、価格を釣り上げたわけです。

学会誌発行の三大手は、オランダのエルゼヴィア、ドイツのシュプリンガー、アメリカのワイリーで、学会誌の四二%をおさえています。残りを二〇〇〇あまりの中小の出版社が分け合っています。エルゼヴィアの二〇〇〇年の利潤率は三六・四%に達したことが、ドイチェ・バンクの調査で暴露されました。どうしても個人で電子版の論文が読みたい場合、ワイリーでは一篇当たり四二ドルを払わされます。

その結果、大学図書館の資料費のうちで学会誌の占める率が、イギリスでは六五%、日本では四六・五%(洋雑誌が一七・六%、電子雑誌が二八・九%)へと上昇しました。日本の場合、和雑誌を加算すると、イギリスと同じように、学会誌が過半を占めるのは明らかです。

世界でもっとも豊かな大学のハーヴァード大学図書館でも、学会誌購読料が年間資料費の約一〇%に相当する三七五万ドルに達し、悲鳴をあげるようになりました。ついに二〇一二年七月に、教員や研究者には、なるべくオープン・アクセス誌へ論文を投稿するようにとの要望が出されました。オープン・アクセスとは、基金からの援助や広告収入などで、電子版の論文を無料で閲覧可能にすることです。出版社によっては、著者から無料開放の申し出があれば、その論文に限ってオープン・アクセスにするという形態もあります。

出版の電子化によって最後にしわ寄せを受けるのは、学術専門書です。売れなくなったのです。具合が悪いデータは、どの出版社も出したがりません。イギリスの大学出版局、おそらくオックスフォード大学出版局が出所と思われるデータを引用するしかないわけです。*

一九七〇年代まで、英語の学術専門書は世界で二〇〇〇～三〇〇〇部は確実に売れました。しかし一九八〇年代半ばになると、発行から一年間で六〇〇～一〇〇〇部しか売れなくなりました。三年から七年かかって売りつくせるかどうかのようです。

英米の大学出版局の二〇〇〇年から二〇〇一年にかけての売上額は、オックスフォード大学出版局が約六億ドル、ケンブリッジ大学出版局が二億ドル、アメリカの九つの大学出版局それぞれが六〇〇〇～四〇〇〇万ドルで、残りの五五の大学出版局はいずれも六〇〇万ドル以下でした。

こうなったのは二つの原因がからんでいます。第一は、論文誌購読料のため予算がきびしくなり、大学図書館が買わなくなり、単価を上げねばならず、ますます売れなくなる悪循環のためです。第二は、研究者が論文誌を読むだけで、専門書をあまり読まなくなったからです。後者の原因のほうが、はるかに重大で深刻です。

論文は、限られた課題について、限られた前提を設定して、限られた結論を出します。つまり、閉じています。そこに安住できます。日本でいう「タコ壺」です。アメリカ英語でいう「サイロ」です。

それにたいして専門書は、結論が出ない主張（サステインド・アーギュメント）を展開します。一時は言い切ったと思われても、やがて反論されます。それが学術の常道です。

一九七〇年代から分野を問わず世界中の学界が、ますます重箱の隅をつつくようになってしまいました。それをこのところの電子化が促進しているわけですが、学術が危機に見舞われていることに当事者自身があまり気づいていないかのようです。

＊John B. Thompson, *Books in the Digital Age*, 2005, Polity Press.

3　生き残る書店と出版社のために

二〇一二年末の日本での電子本の売れ行きですが、出版関係者は口をそろえて低調だと答えます。出版デジタル機構を通じて政府予算で電子化された文庫本——教養ものの和書で、読書人であれば、書名は誰でも知っている——の半年間の売れ行きは、四〇〇部に届きませんでした。出版社は売上額として一〇万円あまりを得たそうです。政府予算でなく自前で電子化していれば、出版社は大赤字でした。これはもっとも売れた例で、おしなべて他は何十部というさびしさでした。

右の文庫本の場合も、不振の有力な原因は、電子版の価格が印刷版よりも二〇円しか安くなかったためと取り沙汰されます。出版社は、電子版を安くして、印刷版の値崩れが起こるのを恐れたのかもしれません。そこに出版社の——売りたいが、値下げしたくない——ジレンマがうかがわれます。

どうやら電子本による本の第二革命は、二〇一一年から一二年にかけての内外の動向からして、少なくとも数年は掛け声倒れに終始しそうです。もちろん例外は在り得るでしょうが、新聞や週刊誌を除き、月刊誌や本で売れるのはやはり印刷版が主体です。一部のタイトルについて電子版がいわば添え物として作成され、いくらか売れるというのが、妥当な予想ではないでしょうか。電子本の先進国のアメリカですらそうです。まして日本での急拡大は期待できそうにないと思われます。

書店は選書の妙が鍵　電子版が本の大半を占めれば、取次と小売の組織は解体に近い縮小に追い込まれます。それよりも前に、本のネット通販が盛んになれば書店は客を奪われ、取次会社が送ってくる印刷本を店頭に並べる従来の営業では、よほど立地的に集客の便がよくない限りは、売れ行き不振で廃業を迫られるのは必至です。

生き残るには、どうすべきでしょうか。従業者が夫婦の小さな書店というモデルで検討します。経常費や税金を無視するとして、月に一六〇万円を売り上げねばならないとします。一冊の平均価格を一〇〇〇円とすると、一六〇〇冊を売ることになります。客の一カ月の本代が二〇〇〇円とすると、八〇〇人の固定客をつなぎとめる必要があります。彼らを選好によって八つのグループに分けると、一グループが買う本は二〇〇冊です。毎月この二〇〇冊を客に代わって選び、仕入れます。内訳ですが、仮にタイトルの数を五〇とすれば四冊ずつを取り揃えます。業界では「棚をつくる」と言うそうですが、そうした選書とそれを活かした並べ方によって、仕入れた本を完売すれば、この書店には生き残る可能性が出てきます（すべて数値は仮想です）。

ただしそのためには、従業者には顧客とのコミュニケーションと出版ニュースの分析を要します。客にはそれと感じさせないで、八つのブック・クラブを経営するぐらいのつもりにならねばならないでしょう。

またブックセンターなどと呼ばれる大型店も、何でも取り揃えるよりも、選書でサービスする小型店が一カ所に多く集まっていると想定し、それぞれ適正な利益が出るように営業する形態が考えられます。つまり、選好の異なる多くの顧客グループを抱えるつもりになるわけです。大型店では、顧客とのコミュニケーションの場として、文化センターを兼ねることも一案でしょう。

ネット通販や電子本に対抗するには、書店としては、顧客に現物の印刷本をチェックさせ、納得させる魅力的な選書によって、ネット通販を凌駕するしか道は残されていないでしょう。ネット通販は、何が売れ筋かをいち早く知るＰＯＳ（販売時点情報管理）はもちろんのこと、客の書名のクリックの履歴を追跡し客の選好を捕捉する「クリックストリーム」など、多様な市場調査技術を駆使しているからです。

ミリオン・セラーとロング・セラー　広告だけでは本は売れなくなりました。社会学者などによって調査が進んでいるアメリカやイギリスの例ですが、ミリオン・セラーの下地として、入念な準備が必要です。中身の予告、抜粋の配布、それを読んだ有名人の推薦の言葉、さらには映画のような他のメディアとのタイアップなどによって、発売と同時に評判が評判を呼ぶように仕向け、客の購買意欲を掻き立て、売れ行きを見計らって増刷を決行し、書店の平台に積み上げ、人気が続く限度の六週間以内に一〇〇万部以上を売りつくさねばなりません。六週間という期間は、いく通りもの調査で確かめられています。最近はブログをはじめＳＮＳ（ソーシャル・ネットワーキング・サービス）を通じて、サクラによって仕組まれた評判が流布されるようです。

そのために人員と予算を投じられる巨大出版社でないと、ミリオン・セラーは望めなくなりました。またいくら下準備しても達成できるとは限りません。アメリカの業界では、「死んだ魚、川下で生き返るかもしれないが」と片付けられる何百何千という企画の失敗、返本の山による損失を、何年かにひとつのミリオン・セラーで埋められるならば、その出版社は幸運だと言われます。とくに大衆小説（トレード・ブック）の出版は博打《ばくち》も同然になりました。

他方、中小の出版社はロング・セラーを志向します。長期にわたって一定部数が売れ続け、最終的に収益を確保するわけです。分野は実に多岐にわたり、各社は細分化された個々の得意分野をニッチとして、いわば群棲しています。そうしたなかで、少しでも特異化（差別化）を図ろうとしのぎを削ります。本の種類としては、多くは解説書、他に教科書、辞典、参考書（叢書や講座）、学術専門書と続きます。とくに後者については、ネット通販の在庫リストが役立ちます。お蔭で書名がよみがえり、本の寿命が延びるからです。ネット通販のこの効果――電子本の効果ではないので混同しないように注意――は「ロング・テール（長い尾）」と呼ばれます。縦軸に売れた部数、横軸に年月をとり、販売部数の点をつなげると、長く尾をひいたようなカーブが得られるためです。販売機会の少ない商品でも、多くの種類を揃えておけば、長期の総売上額を大きくできます。

十指に満たない大出版社とその他の何千という小出版社から成る出版業界のガリバー的な構造は、日本に限らず、欧米でも共通して見られます。中規模の企業が少ないのが出版業界の特徴だと指摘されてきました。

理由を煎じつめると、本づくりの核心の企画・編集・宣伝を一体化して展開するには、もっとも創造性を要し、担当する集団の規模が小さいほど実りが多いためです。創造と言っても、無から有は生じません。既存の要素の斬新な組み合わせを試み、そのひとつに意義を見出し、採用を決断するのが創造であって、まったく大組織には向いていません。大出版社でも、インプリントという形で分社化し、そのそれぞれのなかで分野ごとに企画・編集・宣伝の仕事を小グループに任せ、グループごとに採算性をチェックするのは、同じ理由からです。

これに反して、そうした小グループをいくつか集めて中規模の出版社を組織しても、中規模である限りは、規模の経済の一種である「失敗のリスクの分散」をかなえるには足りません。つまり、中規模にはあまりメリットがないわけです。その結果、業界の企業規模は大と小に二極化してしまうわけです。

ストックとフロー　文化に当たる英語のカルチャーは、耕作に由来します。「精神の耕作（キュルチューラ・アニミ)」と、ローマ時代の文人のキケロが書いています。そこで出版も文化の一翼だからというわけで、耕作(農業経営)に譬えてみましょう。

新刊本がフローで、出版社の年来の実績がストックなどと言いたいですが、シミリ(直喩)としては無理です。メタファ(隠喩)として、許されるかどうか、というところではないでしょうか。

定義によれば、年間投資額がフローで、蓄積された資本がストックです。それにならえば、ひとつの社会において、本の年間総売上額がフローに相当します。収穫物の備蓄がストックですから、社会に備えられ利用に供される本の全体がストックに当たります。しかし出版を耕作に譬えられるのはここまでです。静的には譬えが効きますが、動的には譬えが成立しません。

農業では、備蓄の大部分を消費し、一部を種子として播き、成長した作物を収穫します。生産と再生産を通じて作物ないし種子が循環します。印刷本が生産されるようになった近世以降では、出版をストックとフローの関係のなかで考えようとはしてきませんでした。正確には、考えることができないと言うべきかもしれません。

ストックとフローは切り離され、ストックは、教育や研究や娯楽など、漠然と文化として括られ、出版とはつながっているような、つながっていないような、別の大きなカテゴリー(公共財)として扱うことになっています。強いてつなげれば、備蓄が文化(人間の知的応用力)であって、その一部が本の企画や制作に種子として役立てられることになるのでしょうか。しかし、正直なところ日々の出版の営みでは、フローしか眼中にありません。だからといって、出版が批判されねばならないわけでもありません。経済の実態としては私的資本と公共財とは切れているからです。

その結果、もっぱら当面の本の売上を高めようとして、ミリオン・セラーを計画したり、とりあえず経営を維持しようとして取次会社から小切手を得るため本を出版して、結局売れなくて返本の山をかかえ倒産したり、そして電子本が技術的に可能だとなれば波に乗り遅れまいと、出版社が行動するのは当然でしょう。

そこにアマゾンなどのネット通販資本が目を着け、電子本を構想し、新ビジネス（新しい利益構造）を成立させようとするのもまた当然です。大小を問わず出版事業の核心は企画・編集・宣伝の小グループですから、出版流通の機構を中抜きにして、代わって本を売ってやることで、究極的にそれら小グループのすべてを傘下に従属させる方向をめざすでしょう。

書籍文化を護る制度

もしそうした究極の方向が志向されるならば、本の上に成り立つ書籍文化はどうなってしまうでしょうか。それについては次の最終章で考えます。

ここでは、社会が求める印刷本の出版を続けられるようにするには、どのような制度を整えるべきか——出版界の見解ではなく、あくまでも筆者個人の主張ですが——ごく要点だけを指摘しておきます。

第一は、著作権です。著作権は著作の奨励のために必要とされてきました。しかし最近では、電子的流通の妨げになるから、無くせという「オープン・アクセス」の動きが出てきています。著作権者の許諾なしに世界中の著作を電子化しようとしたグーグルは、訴えられ裁判で著作権料を払うことで和解しました。この種の抗争がこれからも繰り返されるでしょう。著作権なしにしたとき、あるいは使用料を有名無実なほど安くしたとき、著作の奨励を社会としてはどうするのか、対案が必要です。

第二は、著作隣接権です。印刷本でも電子本でも、オリジナルの著作にたいし編集や意匠や解説などを出版社が加えます。出版社の労作に報いるため、つまり、みだりに複製されるのを防ぐため、それらの労作にたいしても隣接権という名の準著作権を設定しようというわけです。

第三は、電子本にも再販制度を設けるかどうかです。公正取引委員会は、おそらく日米通商協議でアメリカ当局から要求されたか、反対されるのを恐れて、「電子書籍は(本のような)物ではないから再販制度の対象にならない」という、論理にならない屁理屈で認めようとしません。再販制度は、正しくは再販売価格維持制度と言って、出版社が書籍や雑誌の価格を決められる制度です。それによって価格の変動を防ぎ、買いやすくし、出版社の利益を保証しようとする制度です。電子本の価格がネット通販企業によって一方的に、あるいは随意に決められるようになると、出版社の利益や著作者の収入が薄くなり、出版だけでなく文化全体の根が弱ってしまうでしょう。それを防ぐには、電子本にも再販制度を適用すべきです。現にフランスでは、二〇一一年にそうするように法律(プリ・ユニーク・デュ・リーヴル)で定められました。

この章の冒頭で紹介した日本の出版社のジレンマは、フランスでは在り得ないことです。

第四は、将来の販売を目的に、書籍の種類と部数と年数を制限した上で、在庫書籍にたいし免税を認めることです。「ロング・テール」の効果を活かすためです。

二〇一〇年代の日本の書籍文化は、内側では憲法の変更をめぐる対立、財政の破綻、そして外側からは押し寄せるグローバライゼーションの大波によって、未曽有の危機に見舞われるでしょう。出版におけるグローバライゼーションを進めるのは、第1章で解明したように、米欧にまたがる巨大出版社と、アマゾンなどの書籍のネット通販企業です。とくに後者は、ネット通販を握り、世界の書籍の企画から流通までを再編し支配しようとしつつあります。それに対抗するには、この章で提案する四点が参考になるでしょう。住み心地のよいニッチに安住するわけには行かないのです。中身での勝負が求められます。

4　印刷本と電子本の対決か共存か

電子本によって、やがて印刷本は消し去られるのでしょうか。それとも印刷本ならではの強みのため、生き残るのでしょうか。決めるのは本の形態ではありません。読者が印刷本の強みをどう活用するかに、すべてが懸かっています。

所有できない電子本

いかにも薄めの本に似せてありますが、あくまでも読み取り用のリーダーは、アマゾンなどのネット通販業者のデータベース(クラウド)に記憶される中身を、ネット経由で引き出し読ませる端末です。いくつかの点で、印刷本と根本的に異なります。

リーダーを通じ電子本を買ったつもりになっていても、気づかぬうちに中身が雲散霧消することも起こり得ます。現実にアメリカでそうした奇奇怪怪な事件が起こりました。二〇〇九年七月一八日の金曜日、アマゾンから買ったと思っていたジョージ・オーウェルの二つの小説、『一九八四年』と『動物農場』が一斉に消え去ったのです。

電子本を買うとき購入者が接続を求める以外は、リーダーとアマゾンとは切り離されていて、つながっていないと思い勝ちです。しかし実はＷｉＦｉ(無線ＬＡＮ)とインターネットを通じて、アマゾンのほうからも、リーダーのほうからも、いつでも接続可能です。この仕組みによって、リーダー内の中身が記憶容量を超えないように、読んでいない中身をクラウドに移動させ一時預りします。それだけでなく、リーダーの持ち主が、たとえば中身を他のリーダーへコピーするといった、アマゾンとの契約に違反する行為に及んでいないか、監視することも可能です。同様にして電子教科書を買った学生の勉強ぶりも評価できるわけです。そして、持ち主に断りなしに、一方的にアマゾンが、リーダーの中身を読めなくすることも消去することもできます。

アマゾンの下請け業者が、すでに著作権は消滅したと勘違いして、オーウェルの二つの作品をクラウドに納めました。有料であれ無料であれ、リーダーへの引き出しが続けば、著作権侵害でアマゾンは莫大な賠償金を支払わねばならなくなります。裁判で悪質と判断されると、与えた損害の三倍以上の罰金を科せられます。そのためか、慌てふためいたアマゾン側が、売った中身を無断で遠隔操作によって強制的に消去してしまいました。

『一九八四年』は、国民の思想統制のため反政府的なニュース記事が、検閲当局によって消されるディスユートピアを描きます。まさにそれを地で行く事件をアマゾンが起こしたので、それ見たことかと騒ぎが大きくなりました。事の起こりはたまただったとは言え、社会的に政治的にあまりにも意味深長な事件でした。

アマゾンは被害者に三〇ドルの慰謝料を払い、最高経営責任者のベゾフが「愚かな行為だった」と謝罪しました。しかしそれでは治まらない一部の人々に訴えられ、裁判でアマゾンが負けました。「永久に中身の使用許可(ライセンス)を与える」とする契約のなかで、永久という点が不履行だったからです。ただし契約が定めるのは、「中身を販売する」のではなく、「中身の使用を許可するライセンス」であることが再確認されました。やはり中身は所有可能とはならなかったわけです。この点をはっきりと弁《わきま》えておくべきでしょう。

この二〇〇九年の事件は、通常の印刷本ならば、買って机の上に置いていたら、誰かが忍び込んできて、ページを墨で塗りつぶして行ったのに相当します。そんな理不尽なことが電子本では起こり得ます。この重大なマイナスの制約のため、電子本の利点をいくら並べられても、印刷本に軍配があがるのは当然でしょう。

なぜこの不利な性質を無くそうとしないのでしょうか。一口で言えば、電子本がネット通販向けに開発された商品だからです。使用許可した中身がつぎつぎに複製されてしまえば、ビジネスが成り立ちません。中身の勝手な複製を防ぐため、DRM（デジタル・ライト・マネージメント、電子情報権利管理）と呼ばれるデータの暗号化が施してあります。それを破ることは法律で禁じられています。したがって、DRMの仕組みの詳細を述べることも憚られますが、要点は、あらかじめリーダーに与えられているキーと、それに応じて販売側が送信してくるキーとを、合わせて施す場合に限って、送られてきた中身が読める形に変換され、ディスプレイに出力されるようになっています。DRMには、読めるが複製は禁止とか、回数を限って複製を許すとか、いくつかの条件を付加することもできます。

DRMの有効性を強力に保障するため、許可を与える側は、中身を消去するなり読めなくする奥の手を手放したくないわけです。電子本を礼賛する推進派は、この手段を利用してリーダーから消えた中身を再補給できるなどと弁護しますが、そんな例は聞いたことがありません。

電子本の読みづらさ　同じ中身でも、印刷本にくらべ電子本では、読む速度が二〇％から三〇％ほど低下します。読むのに時間が長くかかります。読みづらいからです。このデータが電子本の読みづらさの動かし難い証拠として挙げられます。

電子本の表示方式には、カラー表示可能の入射式と白黒だけの反射式、この二通りがあります。

入射式では液晶組成物を利用します。液晶組成物によって、バックライトが通過したり遮られたりして、文字や線が表現される仕組みです。発色は黒・赤・緑・青のフィルターによります。そのためバックライトがまともに眼に入射し、光の強さを調節しても、まぶしく感じられます。長時間ともなれば眼が疲れ、読む妨げになります。

リーダーによっては、ページの地の色、さらに文字や線の色を好みによって変え、眼に与える感じを柔らかくしたり、また地にたいし文字を浮き立たせるためコントラストを高めたりすることもできます。しかし、それによって多少感じが変わっても、眼にたいする入射光のまぶしさが減ずるわけではありません。

他方、反射式では、発色カプセル（電子ペーパー）のなかの黒色粒子と白色粒子の位置を反転させることで文字や線を示します。それに光を当て、その反射を眼で見る仕組みです。反射光源として外光が使われます。外光がない場合のため、小さな照明灯をディスプレイの枠の陰にひそませたリーダーも売られます。暗やみでも読めるのがセールス・ポイントです。

入射式にくらべ反射式のほうが、印刷本にやや近いと評価されます。文字と地とのコントラスト比は、電子ペーパーでは一〇対一、それにたいし真っ白なコピー紙は二〇対一、薄い灰色の新聞紙は七対一です。反射式の電子本は新聞紙より少し良いのですが、新聞と同じように表示が沈んでいるように感じられます。

ページを変える場合、ディスプレイ表面の圧力を感ずるセンサーが、使い手の指先の跳ねる動き（フリック）を検出し、次のページを表示する命令をリーダーに与えます。反射式では、いったん画面が完全に暗くなるのは避けられません。入射式では、プログラムによって、前のページがめくれる下から、次のページが現れます。

イタリアの人文学者のウンベルト・エーコは、印刷本は車輪のように完成した究極の発明であって、もはや変わる余地がないと賞讃しています。

基本的な特性として印刷本では、薄い紙の両面に印刷することで、本の大きさや厚みの割に莫大な数の文字を配列し、それをページという区切りごとにめくっていくことができます。ページをめくるたびに、ページの中身を総括し、次のページの中身に期待し、その間に確認、反芻、批判、さらには記述とページとの結び付け、つまり、本のどのあたりに何が書いてあるかをそれとなく記憶に留めるという具合にして、本の中身(知識)を構造化して行きます。知識の構造化とは、知った中身をばらばらの断片として連関づけなしに放置しておくのではなく、いくつかの道筋を伝うことによって到達できるように系統づけられた状態を指します。ページめくりは、読書において意外に大切な働きを果たすのです。

使い勝手を印刷本に少しでも近づけるため、涙ぐましい努力が電子本の開発に注がれました。しかしそれにも拘わらず、ページのめくり方でもページの変わり方でも、印刷本とは異質な感じがつきまといます。

さらにはるかに重大な、致命的とも言うべき印刷本との差異が存在します。それは電子本の中身にたいする所在感の希薄さです。この章の冒頭で説明したように、中身を読むライセンスしか与えられないからでもありますが、中身がここに在るとか、あそこに在るといった、物理的な存在感を得ることが不可能なのです。在るようで無く、無いようで在るという、摑みどころがない、たいへん始末の悪い感じを免れることができません。自分が今どこにいるかの時空における自己認識が「見当識(オリエンテーション)」ですが、それが狂った状態に譬えられます。

リーダーのメモリーのなかで文字列は、一本の長いストリング(糸)として存在します。読み手が文字の大きさを始めとしてさまざまに表示命令を変えると、それに応じてディスプレイ上に現れる特定の語の個所が違ってきます。ページが異なることも生じます。またそれによっても、読んだ中身の構造化(理解)が乱され、妨げられることになります。

中身の概要を見るには、ディスプレイ表示のままでもよいが、中身をしっかり読むときはプリントしなければと言う人も少なくありません。それはこの電子本特有の見当識の欠如のためでしょう。

電子本の読みづらさと、新聞雑誌の電子版の読みづらさとは、原因が同じです。電子本の欠点が、そのまま新聞雑誌の電子版にあてはまります。新聞では、本にくらべて大きな紙面に関連する記事を配置し、また雑誌では、たとえば特集と連載を並べることで、それらを一覧させることによって、社会なり世界なり文化なりの大勢の動向を把握させようとしてきました。紙面の一覧性に大きな価値がありました。しかし、リーダーの限られたフレームを通じて読む電子版では、こまぎれの中身がばらばらに現れ、読者の見当識を狂わせ、カオス感を増すばかりで、新聞雑誌の本来の役割を急速に失いつつあります。新聞雑誌は、現行のような電子版の在り方では、却って自ら墓穴を掘ることになるのではないでしょうか。

印刷本の読み易さ

印刷本には、読み易くするため、さまざまな工夫がこらされています。具体例として、岩波文庫とそのワイド版をとりあげましょう。

まず用紙ですが、視認性が高く眼が疲れないように、艶を消したややクリームがかった特別に漉かれた専用の紙が使われます。薄くても裏抜けしない（裏面の文字が透けない）、しなやかでめくりやすい、非塗工の上質紙で、もちろん劣化しにくい中性紙です。

印刷ですが、一般に用いられるオフセット方式によっています。合金製の版を紙にじかに押しつけるのではなく、いったんブランケットと呼ぶ胴に版の表面のインキが転写され、それが紙に施されるわけです。ブランケットの表面のインキ以外の部分には水分が供給され、油性のインキがはじかれ、インキがにじむのを防ぎます。そのため、極細部もくっきりと印刷できます。こみいった複雑な形の漢字もつぶれず、識別できます。

活字の大きさですが、文庫では八・五ポイント、ワイド版では一〇・二ポイントです。ワイド版では、一つの活字が占める面積が一・二×一・二＝一・四四倍となり、俄然読み易くなります。

紙面（ページ）の感じですが、活字面の黒さと周辺の余白、そして行間の白さ、この二つの要素が適正でないと、立て込んでごたごたした感じを与えたり、逆にすきすきで希薄な感じを与えたりして、中身の質の受け取られ方にも関係します。

意外に読書に与える影響が大きいのは、余白の占める割合でしょう。文庫の判型はＡ６判、ワイド版はＢ６判です。Ａ型の原紙を六回折ったのがＡ６判（一〇・五×一四・八センチメートル）、Ｂ型の原紙を六回折ったのがＢ６判（一二・八×一八・二センチメートル）です。どちらもページを開いた状態（見開き）で、黒っぽく映る活字面と周りの余白との比は、文庫が一対〇・三五にたいしワイド版が一対〇・四四です。ワイド版のほうが余白の比率がやや高く、それだけでゆとり感を与えます。

しかしどちらにしても、活字面が占める面積比によって紙面に落ち着いた感じを確保します。その安定性が一冊の本を通じて変わりません。紙面を都市地図に譬えると、どのページも同じ大きさの区に見立てることができ、通りと番地（何行めの上から何番め）によって、ひとつひとつの文字にいたるまで系統的に指定できます。

それでありながら印刷本では、単行本ともなれば、装丁や大きさや厚さや重さなど、質感に多様性が与えられます。ところが、電子本ですと、中身が変わっても、レイアウト（文字や図などの配置）がほとんど同じか、変化させても変化の幅が小さく、限界が伴います。リーダーのフレームが固定的であるため、極言すれば、どの本も同じです。ひいてはそれが知識の構造化を妨げる原因になるわけです。

電子本の利点と欠点のトレード・オフ

電子本は印刷本に劣る一方ではなく、電子本にも利点（付加価値）があるとして、つぎの七点が挙げられます。

第一は、入手の容易さ（アクセシビリティ）です。従来の本のように、書店なり図書館なりへ行く必要がなくなりました。ネットを通じて、いつでも購入してすぐ読めます。同時に多くの人々が同一の中身に近づくこともできます。

第二は、可搬性（ポータビリティ）です。かなりの冊数に相当する中身を、リーダーに納めて持ち運びできます。また中身をクラウドに預けることもできます。したがって、保存のための書棚などの空間を節約できます。一冊の本の中身を、章ごとに分売することも可能です。

第三は、更新可能性（アップデイタビリティ）です。容易に中身を訂正し更新できます。そして訂正や更新があったことを読者に容易に知らせることも可能です。

第四は、規模（スケール）です。売る側はインターネットの規模の経済（複製の経済）をほしいままにできます。ひとつの中身をほとんど同時に多くの客に供給できるからです。他方、買う側は、ひとつのサイトで同時に多くの中身を入手できます。「ワン・ストップ・ショップ」などと呼ばれ、電子本の便利さの宣伝文句になっています。

第五は、検索容易性（サーチャビリティ）です。従来の印刷本でも、目次や索引によって、個々の本自体のなかでかなりの検索が可能ですし、注などを活用すれば、広く他の本について詳細に参照することもできます。しかし、電子本では、個々の電子本のなかだけでなく、原理的には他の電子本も含め、広い範囲にわたって字句などをキーにして細かい検索をかけることができます。

第六は、第五と重なりますが、さまざまな異なるテキストの間での相互参照可能性（インターテキスチュアリティ）です。これを活かしたのが、他の文書の他のページにつぎつぎに飛んでいける仕組みを組み込んだハイパーテキストです。その機能を活用するのが、いわゆるネット・サーフィンです。

第七は、記号・文字・音声・映像と多様な表現媒体の組み合わせ（マルチメディア）が可能です。文字のフォント（書体）やポイント（大きさ）を変えることもできます。

こうした特徴的な機能の数々は、どのようにして電子本に持ち込まれたのでしょうか。実はすべてが、インターネットを通じてのデータのやりとりの方式、そのひとつの完成形態であるＷＷＷ（ワールド・ワイド・ウエッブ）、そのために開発されたデータ記述の形式（フォーマット）のＨＴＭＬやＰＤＦなどに由来します。

電子本の歴史を、ＷＷＷが始まった一九九〇年よりも前にさかのぼる向きもありますが、はっきり言って、史実として誤りです。一九六〇年代半ばから大型コンピュータ・システムに本の中身を記憶させ、引き出す壮大な電子図書館構想が繰り返し提案されました。「記憶させる」ほうに力点が置かれ、その結果がＣＤ-ＲＯＭやＤＶＤになりました。それにたいし中身を「読ませる」ほうに重きが置かれ、少しでも使い勝手を良くし、印刷本に似せる努力が始まったのは、ＷＷＷからなのです。

そもそもＷＷＷは、ＣＥＲＮ（ヨーロッパ原子核共同研究所）に参加する科学者の間で、インターネットを通じて研究報告や論文を交換するため考案されました。報告や論文を一冊にまとめて電子教科書の登場となり、さらに中身を一般化して電子本の誕生となったわけです。そのため電子本は、使い方も、使い勝手も、初期のＷＷＷからの名残を色濃く残しています。

人間は名前や習慣から気づかぬうちに甚大な影響を受けます。ＷＷＷをサーフィングしているうちに、とんでもない思い違いを犯すようになりました。考えてみれば、由々しいというか、恐ろしい話です。

ＷＷＷのもとでデータを読めるようにディスプレイに出力するソフトウエアを、素直に「ウエッブ・リーダー」とでも呼べばよかったのに、つい洒落れて「ブラウザー」と命名しました。ブラウズという動詞は、牛の反芻が原義ですが、転じて「あてもなく雑誌や本などを拾い読みする、流し読みする」という意味に使われます。効率や生産性の向上といった時代の掛け声に煽られ、「流し読み」の格好の良さに、人々が飛びつきました。まさにブラウザーでは、それが可能だったからです。ディスプレイの表示をたやすく上下あるいは左右に移動できるように、換言すれば表示を容易に送ったり戻したりできるように、ブラウザーには「スクロール」の機能が与えられました。その速度を高めれば、飛ばし読みを余儀なくされます。それでも意味がとれるのは、語と語との並びから成り立つ文には、かなりの冗長性があるからです。その結果、ディスプレイ上の表示を流し読みする習慣が、多くの人々についてしまったわけです。

それが昂じて、今や電子本は流し読みしかできないと、決めつけるようになってしまいました。悪いのはスクロールを使い損ねた利用者のほうなのに、不当にも電子本に罪をなすりつけました。なぜそんな本末転倒が人々の脳裡で起こったのでしょうか。

近代の心理学を基礎づけたウイリアム・ジェームズ(一九一〇年没)は、「獲得された習慣は、生理学的見地から見れば、脳内に形成された神経発射の新通路に他ならず、それによってそれ以後入ってくる刺激が流れ出ようとするのである」と喝破しました。流し読みの繰り返しによって、読むときは流し読んでしまう通路が形成されてしまったのです。コンピュータを使うときは、時々刻々の操作とその結果が神経回路の形成に直接的に影響するので、思わぬ効果が短い間に強く出るのでしょう。人間は物の呼び方や使い方に影響され易いのですが、脳の働きと密接につながるコンピュータがからむ場合は、格段に由々しい、恐ろしい影響を受けます。それだけに注意が必要でしょう。

反省すると、ブラウザーによる表示を、流し読みするか熟読するかは、実は個人次第です。WWWが始まったときから、ブラウザーによる表示を流し読みしなかった人々も多かったのです。例えばＷＷＷで数式やプログラムをやりとりする人々は、決して流し読みしませんでした。飛ばし読みするわけにはいかなかったからです。

スクロールの速度を読解の速度に適切に同調させれば、ブラウザーの表示、その応用である電子本のページは、一字一字を克明にたどり、熟読翫味することが充分に可能です。しかし、冤罪とはいえ、印刷本と対比して電子本を評価する際に、流し読みを起こしやすい性質がマイナスとして数えられます。

以上のような電子本の問題点にくらべてはるかに重大な最大の欠点は、読み取りのリーダーの物理的寿命によって中身がまったく読めなくなる点です。加えたハイライトや注記も復元が困難になります。中性紙の印刷本の寿命は半永久的ですが、それに反しリーダーが故障すると、部品の生産中止などで修理不可能になり、読めなくなります。そのため電子本の寿命は意外に短く、五年とか一〇年と見込まれます。

最終的に電子本にたいし評価を下すには、熟読向きではないという社会的評価（偏見だと反対する人々も少なくないかもしれませんが）、そしてリーダーの非永久性（こちらは動かし難いですが）、この二つの欠点と、前記の七つの利点とを、秤にかけることになります。評価の結果は、個人によって異なるでしょう。使い方にたいする思い入れが異なるからです。他方、広く社会全体のなかでの評価となると、欠点を利点で帳消しにできない関係、いわゆるトレード・オフの関係、つまり、同時には達成できない要因の間で釣り合いをとろうとする関係に落ち込みます。

利点と欠点とが釣り合わないとき、社会的に最終的に釣り合わせる役を果たすのは価格です。電子本の働きが印刷本をはるかにしのぐのであれば、電子本は印刷本よりも価格が高くなる筈です。現時点では、需要者の足元を見る電子教科書の分売という特別な場合を除き、電子本は印刷本よりも低価格です。印刷本の価格から流通費用を差し引いた値をやや上回るのが、アメリカでは一般的です。はっきり言って、この事実は電子本にたいする社会の評価の相対的低さの証拠に他なりません。

まだまだ一方では物珍しさ、他方では売出しのための割引などのため、電子本は一方では高過ぎ、他方では低過ぎるといった段階にありますが、しかし熟読に不適との評価と短寿命という二大欠点が、今後広く社会的に認識されるようになれば、電子本の価格はさらに低下するでしょう。その結果、安さのため電子本が売れて、出版に占める電子本の比率が大きくなっていくと思われます。それに応じて必然的に電子本は、一回限りの読み捨て、つまり、フロー的な中身が多くなり、やがてそれに限られるようになっていくでしょう。

本と脳と思索の一体性

生まれてくるときの人間の脳には、視覚も聴覚も発声機能（発話機能ではない）も与えられています。ところが、文字を識別し文を理解する能力、本を読みこなす能力は、まったく備わっていないのです。生まれてから数年近くの生活のなかで、脳の複数の特定の領域を多様に協調させせつつ働かせることの積み重ねによって、後天的に形成されます。つまり、文字を読むことによって、脳が成長し、人間らしくなっていくわけです。脳神経回路網は、読書と思索を続ける限りにおいて、高齢になっても組み換えられて行きます。

そうした知見は一九八〇年代から脳全体の脳磁図（ＭＥＧ、マグネトエンセファログラフィー）によって得られるようになりました。脳神経が賦活化されて電流が流れると、まわりに磁場が生じます。それを外部から鋭敏な磁場検出装置で捉え、映像で示すのがＭＥＧです。

読書と思索の過程は、およそ以下のような順序で進みます。読むのに慣れた脳では、第一に、眼とつながる視神経からの入力によって、後頭葉の視覚野とそれを支える側頭葉の領域が活性化されます。第二に、入力を文字として処理しなければならないとして、注意を喚起するため額の下の前頭葉が働きます。第三に、側頭葉において、図形に過ぎなかった入力が、記憶された音韻とつき合わされ、結びつけられます。その結果、やっと入力は文字、あるいは文字を組み合わせた単語として扱われるようになります。第四に、側頭葉のさらに広い領域において、文字ないし単語が、記憶された「意味のネットワーク」と照合され、意味と結びつけられます。「意味のネットワーク」と呼ぶのは、たとえばバナナ―黄色―甘い―果物―熱帯―……と網状につながるからです。

ＭＥＧによる確証が得られるのは、実はここまでです。これより先は文の理解（統辞と意味の両面で矛盾しない理解）の過程に入り、内省的説明といえばそれまでですが、論理的にこれ以外に在り得ないとの推論、つまり、認知科学的な見解に因ります。

個々の単語の意味と、それらを連ねたときの意味との間に矛盾がないかを検討し、矛盾がなくなるまで各語の意味を入れ替えます。この過程は「一時的記憶域」において進められます。ときには、文脈（コンテキスト）を入れ替え、解釈をがらりと変えたりします。具体的な例文を挙げましょう。文の趣旨はこの章の主題の「電子本か印刷本か」に深く関係します。

「誰かにさらに何か質問をしてみると、彼らはちょうど書物と同じように、何も答えることもできなければ、自分のほうから問をかけることもできない」

右の文は、プラトンの『プロタゴラス』（３２９Ａ、岩波文庫版六二～六三ページ）に出てきます。徳は教えられ授けられるかを問う対話のなかで、プラトンがソクラテスをして、書物は役に立たないと否定させるくだりです。書物の原語はビブリア、ビブリオンの複数形ですが、当時は巻物やパピルス片が文字の記録に用いられたなかで、それらをまとめてイデアのプラトンらしく観念化して、書物に類するすべてに相当するビブリアと規定したわけです。したがって、近世以降の印刷本も、現代の電子本も包含されることになります。プラトンの否定的なコンテキストでは、書物は答えることも問を発することも不可能でした。文として書物に書くのではなく、人々が脳裡に記憶していて、それを想起して、思索するなり対話することによって、初めて正しい答が得られると主張したわけです。

そのように引用文を理解するには、現代の通念である肯定的なコンテキスト、すなわち「書物は答えることも問をかけることもできる」を、脳裡でプラトンの否定的なコンテキストに入れ替えねばならないでしょう。その結果として導き出される現代にたいする含意は、ネットを通じて答らしきものを引いてきただけでは、理解にもならないし、知的応用動作の基礎にもならない、というきびしい戒めです。

このように理解する妥当性は、プラトンの著作のなかでさらに後期に属す『パイドロス』(275A、岩波文庫版一六四ページ)で、次のように補足説明されるところからも頷けます。

「人々がこの文字というものを学ぶと、記憶力の訓練がなおざりにされるため、その人たちの魂の中には、忘れっぽい性質が植えつけられることだろうから。それはほかでもない、彼らは、書いたものを信頼して、ものを思い出すのに、自分以外のものに彫りつけられたしるしによって外から思い出すようになり、自分で自分の力によって内から思い出すことをしないようになるからである」

では、プラトンが主張したように、書物なしで済ますべきでしょうか。記憶を系統立て何冊もの書物として外部化し、それらをありきたりのハイパーテキストなどではなく、独自の発想に基づいて、くまなく相互に参照することによって、より妥当な見解に達することができます。与えられるハイパーテキストでは、既存の思考の枠から脱却できないのです。肝心なのは、コンテキストを変えることも辞さずに、意味するところを徹底的に解釈し直し続けることです。それが読書を通じて思索することに他ならないわけです。またそうするならば、プラトンの書物否定の含意とも矛盾しなくなります。

その際に脳のなかでは、さまざまな領域の間での協調的な働きにおいて、活性化する領域で変化が生じ、それらの間の相互作用も変化します。新しい神経電流の通路が生じます。だから、読書によって、脳神経回路網で変革が起こり、それが思索することでもあると結論できます。つまり、読書と脳と思索とは一体のこととして捉えられねばならないわけです。そうした重大な働きのためには、読みづらい電子本よりも、当然ながら表示が安定した印刷本のほうがはるかに適していることは、多言を要しないと誰もが考えます。

はっきりさせておかねばならないのは、本を読み感覚なり思考なりが根本的にがらりと変わるとき、結果的に何が脳裡で起こっているかです。

主張（テーゼ）と反論（アンチテーゼ）との対立矛盾が止揚（アウフフェーベン）され、統一（ジンテーゼ）に到達するなどと、ヘーゲルの弁証法（ディアレクティケ）は説明されました。とくに日本では縮めて、「正・反・合」だなどと言いならされました。そのため、同じディアレクティケという呼称から、プラトンの対話の過程も「正・反・合」なのだと誤解してきた嫌いが在ります。

実はどちらも大間違い、捏造です。ヘーゲル自身は、テーゼ・アンチテーゼ・ジンテーゼとか、「正・反・合」などとはいっさい述べていません。弁証法の過程について、遺憾なことに彼は漠然としたままでした。そこに何とか思考の展開の道筋をつけようとして、独英日の祖述家たちが、勝手にこじつけたのです。

誤った主張にたいし反論したからといって、唯々諾々として主張が改まるものではありません。執拗な対話によって誤った主張のコンテキストの入れ替えからかからないと、糺すことは不可能です。それが証拠に、論理式で弁証法的発展は記述できません。その点からすれば、弁証法は論理的ではないことになります。したがって、論理計算を重んずる論理学の教科書では、弁証法をまったく扱わないものも少なくないわけです。相手の主張の非を認めさせるには、対話を通じて相手のコンテキストの誤りを感じさせ、相手自らがコンテキストを変え、その上で立論を変える以外に道はないわけです。プラトンはこの点を痛感したからこそ、書物を排し、徹底的な対話を尊重したのでした。

ちなみに対話で有名なのはガリレオです。地動説の正しさを訴えた『天文対話』（一六三二年刊）と、力学と材料科学の革新をまとめた『新科学対話』（一六三八年刊）では、アリストテレスの書を信奉する頑迷なシンプリシオを、革新者のサルビアチが、友人のサグレドの立会いのもとで論破して行きます。サグレドの役割を仲裁者とか解説者と受け取る向きが少なくありませんが、彼の発言を注意深く読むならば、彼の最重要の役割は対話の進行の保障に在ることがわかります。そのような役割をサグレドに与えたのは、論敵の法王庁当局と実際に戦っただけに、ガリレオがプラトンに負けず劣らず対話の特質（対話成立の困難性、論拠入れ替えにたいする心理的抵抗）をよく認識していたからでしょう。

さらにここで想起すべきは、アリストテレスがドラマの核心を「発見による逆転」と論じ、またドラマにおける緊張のあとの解放を「カタルシス（浄化）」と呼んだことです。

真に読むに値するのは、コンテキストの入れ替え、発見による逆転、浄化を引き起こす本です。そのような本がストックとして護られて行くべきでしょう。具体例で確かめておきます。

ニュートンと漱石の読書

アイザック・ニュートンと夏目漱石を選んだのは、西欧と日本の書籍文化で理系と文系の代表として、誰にも知られているからです。

両者の偉大さは、読書ぶりに残されました。彼らの蔵書の余白の書き込みや文中のアンダーラインから、きわめて創造的な読書、すなわち深い思索の跡をつぶさに知ることができます。

図書館や学校などの公共の書物に書き込みやアンダーラインは、絶対禁止です。汚れで読みにくくなるからだけでなく、別の人が読むときの妨げになるからです。心覚えとして残したければ、自分のノートにメモするべきでしょう。

一六六四年のクリスマス前でしたが、ケンブリッジ大学の三年生だったニュートンが、デカルトの『幾何学』を買いました。三世紀半後の現在、それそのものがケンブリッジのトリニティ・コレッジに所蔵されています。調査によれば、ニュートンの自筆で余白に「エラー(誤り)」と書きこまれたページが六、「ノン・プロボ(証明されていない)」と書きこまれたページが二、「インペルフ(不完全)」と書きこまれたページが一、「ノン・ジオメ(解析幾何学的でない、当該の曲線は方程式では表現不可)」と書きこまれたページが三も認められるそうです。解析幾何の父のデカルトも散々です。さすがニュートンだけに厳密でした。

いつ書きこまれたのかは特定できません。買った直後に読んで、明敏なニュートンがすかさず「エラー」と指摘した可能性も否定できません。しかし他の書き込みは、よほど慎重に何度も検討したあとでないと、軽率には書けないものです。おそらく何度も読み直したと推定されます。その結果が「デカルト幾何学の誤り」という表題のラテン語で書かれた草稿(生前未発表)として残されました。一六七〇年代末の執筆と推定されます。したがって、一六六四年からおよそ一五年にわたって、『幾何学』への書き込みは、何回かの熟読に際して順次追加されて行ったと推定されます。

これらすべてを検討すると、ニュートンの関心は円錐曲線（楕円はそのひとつ）に集中されていたようです。その成果が惑星の楕円軌道の解析でみごとに活かされ、『自然哲学の数学的原理』をまとめる上で、きわめて大きな助けとなりました。

なおニュートンは、前二世紀に活躍したギリシアの天文学者のヒッパルコスや、前三世紀後半のギリシアの数学者のアポロニウスなどの著作も、深く読みこんでいました。それらを背景にしてニュートンは、デカルトを克服した点も注目すべきでしょう。ニュートンと言えども、閃《ひらめ》きだけではなかったのです。

一八九七年、三〇歳の夏目漱石は、熊本の第五高等学校の英語教授として二年目を迎えました。この年の三月、イギリスの一八世紀の作家、ローレンス・スターンの小説、『トリストラム・シャンディ』について紹介し、とくに文体に注意を払うべきだと指摘しています。ただし立派な文語体で書かれました。

今でこそ朱牟田夏雄の流麗な名訳で、岩波文庫で容易に読めます。しかし原文は、主人公トリストラムの「意識の流れ」が奔放に書かれているため、よほど闊達な英語読解力がなければ、附いていくことができません。漱石がそれを読みこなしたと鼻にかけた面も否定できなくはないのですが、この小説は漱石にとって、まさにニュートンにとってのデカルトの『幾何学』に匹敵するものでした。

二〇世紀に入って明確にされましたが、小説の文体（スタイル、表現の方法）の要諦は、「意識の流れ」をいかに表現するかに在ります。スターンはその嚆矢として尊敬され、英文学史のみでなく世界文学史でも燦然と輝いています。それにいち早く気づいた漱石だからこそ、近代日本を代表する作家に推されるまでになったわけです。

しかし、気づいた問題を最初は文語体で書くしかなかったのです。より現実に近い口語体で、同時代人の「意識の流れ」がどう表現されるべきか、やがてそれが漱石にとって最大の課題になりました。ロンドン留学中の一九〇一年の初夏から文学論をまとめる決意を固め、神経衰弱になるほど勉強しました。その過程でイギリスの心理学者のロイド・モーガンの『比較心理学への入門』と出会い、そこで紹介されたウイリアム・ジェームズの「意識の流れ」によって開眼させられたわけです。帰国するとさっそくジェームズの『心理学』を取り寄せ、むさぼり読んだと思われます。その間の一部始終は、今は東北大学図書館に所蔵される漱石の蔵書中の書き込みやアンダーライン、また別に残されたメモの断片などから、かなり克明にたどることができます。

漱石が小説の課題として絞りこんだのは、「意識における焦点と交錯する感情の流れ（F＋f）」でした。それは東大英文科の講義で開陳され、実作のなかで追究されました。まず第三者が複数の登場人物の意識を総覧する文体から出発し、最終的には、登場人物たちの意識と主人公の意識の相互作用を、主人公の意識の流れとして描く文体へと発展させました。具体的な経緯は、『吾輩は猫である』から『道草』までを通じてたどることができます。

ロンドンで文学論への取り組みを決意してから『道草』の完成までの一四年、ジェームズを批判的に読むことで摑んだF＋fを、明治時代後半のコンテキストのなかで読み替えを続け文体を開拓して行った漱石の努力は、近代日本精神のいつわらぬ紆余曲折を教えてくれるでしょう。

多くの関連する書物を渉猟し、読み替えて、新しい見解、ひいては新しい思想に達するのが思索です。ニュートンと漱石の読書遍歴は、そのみごとな典型でした。

本とは社会の記憶　最後に残ったのは、本とは何のために在るかという大問題です。

「本当のところ書物とはただ一冊しかないのです、これまでの、ものを書いてきたひとなら、だれであれ、天才たちでさえ、じつはそういうただ一冊の本を、それと知らずに書こうと試みてきた、私はそう確信しています」

「世界はつくられています、一冊のすばらしい書物に到りつくために」

こう答えたのは、フランスの象徴詩人のマラルメでした(いずれの訳も清水徹に負っています)。口伝えが筆記本になり、印刷本になり、そして今や電子本が加わり、マラルメが「世界」と等置する書籍文化が形成されてきました。その間を通じて読者が求めた「革新」は、本を技術的に経済的に社会的にゆきわたらせることでした。それと同等に読者が求めたのは、社会の記憶としての本の役割でした。確かさが肝心な記憶とその更新だからこそ、書籍文化は、反動ではなく、良い意味での「保守」であらねばならないわけです。電子本派だから「革新」、印刷本派だから「保守」、と決めつけて済むことではないのです。

問題の焦点を際だたせるため、最後の章を「印刷本と電子本の対決か共存か」としましたが、結論は「電子本と印刷本の共存」となります。しかしそれは成り行きまかせの共存ではなく、双方がしのぎを削る対決の果てに成り立つ、変動して已まないトレード・オフとしての共存でしょう。トレード・オフの秤の傾きを決めるのも判定するのも、繰り返しになりますが、それは本の読者、読者の本の読み方、読者にとっての本の役割です。

赤木昭夫
1932年生まれ．NHK解説委員，慶応義塾大学教授，放送大学教授のあと，著述活動に専念．著書に『インターネット社会論』『インターネット・ビジネス論』『反情報論(双書　時代のカルテ)』(いずれも岩波書店)ほか．

書籍文化の未来
—電子本か印刷本か

岩波ブックレット 873

2013年6月4日　第1刷発行

著　者　赤木昭夫《あかぎあきお》

発行者　岡本　厚

発行所　株式会社　岩波書店
〒101-8002 東京都千代田区一ツ橋2-5-5
電話案内 03-5210-4000　販売部 03-5210-4111
ブックレット編集部 03-5210-4069
http://www.iwanami.co.jp/hensyu/booklet/

印刷・製本　法令印刷　　装丁　副田高行　　表紙イラスト　藤原ヒロコ

ISBN 978-4-00-270873-7　　Printed in Japan